Peter Alex Pohl

Düsseldorf-Oberkassel

INNENANSICHTEN

von Häusern & Menschen

Grupello

Das Auge liest mit – schöne Bücher für kluge Leser

www.grupello.de

Planausschnitt auf Seite 2:
© Stadt Düsseldorf – Vermessungs- und Katasteramt – Lizenz-Nr. 211 2006

1. Auflage 2012

Schwerinstraße 55 · 40476 Düsseldorf
Tel.: 0211-498 10 10 · E-Mail: grupello@grupello.de
Herstellung: Müller, Grevenbroich

ISBN 978-3-89978-170-0

Inhalt

NIEDER-KASSEL
OBER
KASSEL
ALTSTA
KARLS
HAFEN
5178
5278
5378
5177
5277
5377
5176
5276
Düsseldorf III
Düsseldorf II
Düsseldorf I
DFSG Rheinterr.
Köln-Düsseldorfer
Oberkasseler Brücke
Luegallee
Düsseldorfer Str.
Rheinalleetunnel
Rheinkniebrücke
Rheinpark
Landtag NRW
Festwiese
Jugendherberge
Rheinbahn-Haus
Creativ-Haus
Stadtbad
Bezirkssportanlage
Tempel Hs. d. Japan. Kultur
Comenius-Gymnasium
Arnulfstr.
Belsenpl.
Barbarossapl.
Hansaallee
Brüsseler Str.
Heerdter Sandberg
VHS
Schlosstu
Köln-Düsseldorfer
DFSG Rathausufer (Pegeluhr)
Rheinufer (Rheinufertunnel)
Bäckergasse
Lausward
Bremer Str.
Hamburger Str.
Wesermünder Str.
Hafen
Pappelwäldchen
Tennispl.
Kaiser-Friedrich-Ring
Kaiser-Wilhelm-Ring
Robert-Lehr-Ufer
1 H.-Hentrich-Pl.
2 E.-Horion-Pl.
3 H.-Gilgles-Pl.

Zum Geleit

Oberkassel ist schon ein ganz besonderer Stadtteil. Ob Mitte der 1980er, als ich – noch ganz neu in Düsseldorf – immer aus Derendorf zum Programmkino im »Muggel« oder ins »Sassafras« geradelt bin, oder seit 2004 als Ratsfrau für den Wahlkreis Oberkassel/Niederkassel, lange Jahre auch mit Wohnsitz auf der Düsseldorfer Straße: Ich bin der ganz besonderen Anziehungskraft, die das Aushängeschild des linksrheinischen Düsseldorfs auf so viele Menschen hat, immer wieder erlegen. Es fällt leicht, sich in diesen Stadtteil zu verlieben.

So erging es auch Peter Alex Pohl, als er 2004 nach Oberkassel zog. Zwei Bildbände hat der gelernte Journalist und Hobby-Fotograf schon mit seinen »Ansichten von Häusern & Menschen« veröffentlicht. Für sein drittes Oberkassel-Buch hat Pohl nun den Schritt hinter die Fassaden gewagt: Seine Aufnahmen von Salons und modernem Wohnen, von Stuckdecken, Wintergärten, Jugendstilfenstern, Treppenaufgängen und verträumten Gärten bieten dem Leser einen intimen Einblick in die Lebenswelt der Menschen in Oberkassel.

Hier wird noch einmal deutlich, daß auch gerade die vielfältige Zusammensetzung seiner Bevölkerung den Reiz des Stadtteils ausmacht. Ob alteingesessene Oberkasseler oder Zugezogene, Prominenz, Künstler oder Schützen, hier haben die unterschiedlichsten Charaktere ihr Zuhause gefunden.

Diese Vielfalt wird allerdings zunehmend durch steigende Mieten und Grundstückspreise gefährdet. Es liegt in der Hand der Stadt, vorausschauend zu planen und die unterschiedlichen Milieus im Stadtteil zu erhalten. Einem reinen Nobelvorort würde eben genau das ganze besondere Flair fehlen, das so viele Menschen nach Oberkassel zieht.

Hoffen wir, daß diese Balance zwischen Bewahren und Erneuern, zwischen Tradition und Moderne, zwischen Optik und Anspruch, vor allem auch bei der neuen Bebauung hinter dem Alten Bahnhof in Oberkassel, dem sogenannten Belsenpark, bestens gelingt.

Gudrun Hock
Bürgermeisterin der
Landeshauptstadt Düsseldorf

Alte Liebe rostet nicht ...

Neulich hatten wir Freunde zu Besuch. Sie wohnten noch bis vor kurzem in der Wildenbruchstraße in Oberkassel, mußten dann aber wegen Eigenbedarfs des Vermieters ins renommierte Zooviertel umziehen. Da haben sie nun alles, was man heutzutage bei gehobenen Ansprüchen so braucht: Tiefgarage, Fahrstuhl, Rundum-Terrasse, Fußbodenheizung ... Aber sind sie jetzt wirklich glücklich?

Schon auf ihrem Fußweg von der Straßenbahnhaltestelle Barbarossaplatz in die Sonderburgstraße, trafen sie zufällig mit viel Hallo auf die beiden Saitta-Brüder, bekannte italienische Gastwirte in Oberkassel, den einen auf der rechten, den anderen auf der linken Straßenseite. Sie wurden auch vom Apotheker erkannt, und dann kam ihnen auf dieser kurzen Strecke sogar die ehemalige Friseuse entgegen und erinnerte sich voller Freude an früher. Das, so meinte unser Freund, sei ihm im letzten halben Jahr im Zooviertel noch nicht passiert. Und seine Frau fügte hinzu: »Man kommt einfach wie nach Hause. Das ist hier alles so heimelig, so geborgen, so überschaubar. Die Menschen, mit denen du zu tun hattest, erkennen dich. Das fehlt uns jetzt ... Am liebsten würden wir wieder hierher ziehen.«

Vielleicht ist das ein Teil vom »Geheimnis Oberkassel«, warum sich die Menschen hier so wohl fühlen. Sind es allein die alten gepflegten Häuser, die bevorzugte Halbinsellage am Rhein, der Blick in die noch weitgehend intakten Gärten, die gelungene Infrastruktur und die bequeme Nähe zur City? Oder ist da noch mehr: das Sich-Grüßen, das Sich-kennenlernen-Wollen, ein leichteres zwischenmenschliches Miteinander auf dem Niveau Gleichgesinnter? Ich weiß es nicht. Und ich habe es bei der Arbeit an meinen drei Büchern über Düsseldorf-Oberkassel (2006, 2008 und jetzt 2012) auch noch nicht ganz ergründen können, trotz der vielen Gespräche und Interviews mit seinen Bewohnern.

»Schöner Wohnen« in Oberkassel – das muß auch heißen, Altes zu bewahren

Warum erscheint nun noch ein dritter Band, nachdem doch schon fast alles fotografiert und gesagt ist?

Als ich im Jahr 2004 endgültig nach Oberkassel zog, faszinierte mich vor allem die intakte Bausubstanz aus der Zeit der Jahrhundertwende in diesem Viertel. Ich konnte kaum glauben, daß sich das alles über zwei Weltkriege hinweg erhalten hatte: diese Fülle an historisierendem Neoklassizismus, diese Jugendstilfassaden, dieser enorme Individualismus, bei dem kaum ein Haus dem anderen gleicht. Ich fotografierte, interviewte Persönlichkeiten, die hier wohnen, und schuf mit den ersten beiden Büchern zwei Visitenkarten vom schönen und bewahrenswerten Oberkassel.

Danach hatte es mich gepackt. Nun wollte ich auch wissen, wie es hinter diesen prächtigen Kulissen aussieht. Dabei wurde mir schnell klar, daß dies ein schwieriges und aufwendiges Projekt werden würde. Wie sollte ich in die Wohnungen hineinkommen? Wer würde mir einen Blick durchs Schlüsselloch erlauben, und wie sollte dennoch die Privatsphäre gewahrt bleiben?

Es war überraschenderweise doch leichter, als ich zunächst angenommen hatte. Einer empfahl mich dem anderen. Was ich hier zeigen will, ist kein »Schöner Wohnen«, wie aus glänzenden Interieur-Magazinen. In erster Linie geht es mir darum, alte und neue Wohnstrukturen nun auch von innen sichtbar zu machen, wie sie sich im Laufe der Zeit in Oberkassel erhalten haben. Ich möchte an einigen gepflegten oder rekonstruierten historischen Wohnungen zeigen, wie man um die vorletzte Jahrhundertwende in Düsseldorf-Oberkassel gelebt hat. Was ist noch erhalten geblieben an imposanten Treppenaufgängen, Marmor-Entrées mit Glaskuppeldach, gedrechselten Holzstiegen, Jugendstilbuntglasfenstern, Speiseaufzügen, Originaltüren, Stuckdecken, Wandmalereien, Wintergärten, Gartenhäuschen oder Loggien? Und ich wollte wieder Menschen interviewen, die mir sagen, warum sie hier gerne leben.

Es ist dabei, um es gleich vorweg zu sagen, viel mehr herausgekommen als ich erwartet hatte. Alle Inhaber der Wohnungen (Mieter waren es in der Regel nicht) wurden von mir um eine Fotoerlaubnis gebeten. Alle Bewohner der hier abgebildeten Räumlichkeiten gaben ihre Zustimmung. Dafür bedanke ich mich, nenne im Gegenzug aber selbstverständlich keine Standorte und Namen.

Wie in den bereits veröffentlichten beiden Bildbänden über Oberkassel werden auch hier die Fotos in verschiedenen Kapiteln vorgestellt. So zum Beispiel »Treppenaufgänge – das Entrée zum Glück«, in dem jeweils mehrere Beispiele gegenübergestellt werden, um die Vielseitigkeit von Treppengeländern, Auskachelungen und Bodenbelägen zu zeigen. Dasselbe gilt für Türen, Buntglasfenster, Salons oder Wintergärten. Daß dabei die Opulenz geschmackvoller moderner Wohnräume sichtbar wird, ist beabsichtigt. So ist dieses Buch in gewisser Weise auch ein Zeitdokument, denn es vermittelt einen wirklichen Einblick in die gehobene Wohnkultur in Düsseldorf-Oberkassel zu Beginn des 21. Jahrhunderts. Darum bin ich allen, die mir diese Fotoaufnahmen gestattet haben, zu großem Dank verpflichtet.

Kritik wird laut: Zu viele Luxusresidenzen töten die Seele eines Stadtteils

Großbaustelle Oberkassel: Quartiersgarage, Belsenpark, Vodafone-Campus. Zum Jahresende 2010 zählte Düsseldorf laut amtlicher Statistik rund 588.000 Einwohner. Damit wuchs die Stadt in den letzten zehn Jahren um circa 19.000 Köpfe (+ 3,4%). In wenigen Jahren werden hier rund 600.000 Einwohner leben. Dabei haben »Mieter in Düsseldorf wenig zu lachen«, wie wir über Welt-Online erfahren. »Der Düsseldorfer Markt ist völlig überhitzt. (…) Die Neubaumieten liegen hier nach wie vor bei 13 Euro pro Quadratmeter und damit höher als in allen anderen NRW-Städten. (…) Die linksrheinischen Stadtteile Ober- und Niederkassel im Westen Düsseldorf zählen dabei zu den kostspieligsten Wohnlagen für Mieter im ganzen Bundesland. Ob saniertes Jugendstilhaus oder – seltener – historisierender Neubau, wer unbedingt zwischen Kaiser-Friedrich-Ring und Rheinallee wohnen will, kennt beim Mieten so gut wie keine Schmerzgrenze.«

Und wenn neu gebaut wird, muß es erstklassig sein. Sie schießen wie Pilze aus dem Boden, die neuen Residenzen, Stadtpalais und Townhouses, in die sich dann wohlhabende Oberkasseler Neubürger einkaufen. Ein Normalsterblicher kann sich diese Wohnungen aber nicht leisten. Die alten Wohnstrukturen drohen dadurch zu zerbrechen. Wenn für Grundstücke und sanierungsbedürftige Altbauten hohe Summen bezahlt werden, um neuen, postmodernen Glas- und Betonpalästen Platz zu machen, zeigt dies deutlich einen fragwürdigen Trend. Kein Wunder, wenn der Streit um den geplanten Abriß von 48 Wohneinheiten in der Cimbernstraße zugunsten von neu entstehenden Luxusimmobilien eskaliert. Der linksrheinische Verkehrs- und Verschönerungsverein (VVV) wandte sich unter seinem Vorsitzenden Georg Eiker bereits mit einem offenen Brief an den Düsseldorfer Oberbürgermeister Dirk Elbers. Befürchtet wird der Zuzug finanzstarker Einwohner zu Lasten alteingesessener Bewohner. Verlangt werden Milieuschutz und die Einschränkung von Luxusmodernisierungen und damit verbundenen ungebremsten Mietsteigerungen. Man wird sehen, was dabei herauskommt.

»Der Abriß alter Häuser boomt«, so meldete jedenfalls die Rheinischen Post am 11. September 2011. Bezirksvorsteher Rolf Tups nimmt in dem Artikel dazu relativ entspannt und locker Stellung: »Ich bedaure die Veränderung, aber eingreifen können wir Stadtteilpolitiker nicht. Es gibt das Eigentums- und das Mietrecht. Auf unserer zwölf Quadratkilometer großen Halbinsel (Oberkassel) sind 90 Prozent der Grundstücke in Privatbesitz. Leider gibt es immer weniger Eigentümer, die auch in ihrer Immobilie wohnen. Jetzt ist die dritte Generation nach der Gründerzeit am Zuge. Die Eltern sind gestorben, die Kinder haben beruflich bedingt keine lokale Bindung mehr. So geht die Identität verloren, es zählt nur noch die Rendite. Man kann nur an die soziale Verantwortung der Eigentümer appellieren.«

Was dabei herauskommen kann, prophezeit der Journalist Dieter Bartetzko in seinem Artikel »Vom Leben und Sterben der Städte« in der Frankfurter Allgemeinen Zeitung vom 28. September 2011. Darin heißt es »Der Teufelskreis aus profitorientiertem Aufund Abstieg von Stadtvierteln (...) heißt heute Gentrifizierung. Positiv betrachtet, faßt dieser Begriff das Aufwerten von Stadtteilen, seine Schattenseite aber ist die schleichende Vertreibung der angestammten Bewohner, der – nach einer Phase homogenen luxurierenden Wohnens – der Niedergang eines Stadtteils folgt, den eine nivellierte Daseinsform erst langweilig macht, dann veröden und schließlich absterben läßt.«

Bäume, Gaslaternen und Pflastersteine haben keine starke Lobby, aber sie prägen das Bild

Oberkassel ist immer noch sehr lebens- und liebenswert – aber diese Liebe kann schon mal brüchig werden, wenn man hier bereits zehn Jahre lebt und täglich erfährt, was sich alles verändert. Dennoch läßt sich auch Positives berichten. Es gibt durchaus neue Wohnanlagen, die sich vorbildlich in die bestehende Straßenstruktur eingegliedert haben. So beispielsweise der »Sophienhof« in der Quirinstraße oder der »Karlshof« in der Lanker Straße. Ebenso positiv läuft die Erschließung des Geländes der »Heinrich Heine Gärten« an der Hansaallee, einem neuen begrünten Wohnquartier zum Wohlfühlen. Hoffen wir, daß die Bebauung des Geländes am Alten Güterbahnhof – seit den 1980er Jahren geplant – ähnlich gut gelingt. Insgesamt sollen im sogenannten Belsenpark mehr als 500 neue Wohnungen entstehen, im ersten Bauabschnitt bis Ende 2013 zunächst 85 Nobel-Eigentumswohnungen mit 180 Tiefgaragenstellplätzen. Die Quadratmeterpreise beginnen bei 3.600 Euro, in der Spitze sollen sie bei 6.600 Euro liegen.

Es gibt aber auch Bürger, die ihre historischen Häuser in den vergangenen Jahren vorbildlich in Schuß gehalten oder nach altem Vorbild restauriert haben. Ein Trend macht sich dabei bemerkbar: Die Stuckarbeiten an den schönen Jugendstilfassaden werden in der Regel nicht mehr farblich abgesetzt. Heute ist alles einheitlich in Weiß oder in Perlgrau gehalten.

Das soll, wenn man nachfragt, auch der Urzustand gewesen sein. Ich persönlich vermisse aber ein wenig die früheren Farbtupfer in der Dominikanerstraße, der Glücksburger Straße, der Sonderburgstraße oder rund um den Drakeplatz.

In der Belsenstraße gab es neulich einen echten Schildbürgerstreich. Die Fassadenmauer eines alten Wohnhauses neben dem ehemaligen »Gloria Palast« wurde für einen Neubau zunächst mit all ihrem Zierstuck erhalten. Damit wurde die historische Optik zur Straßenseite hin gewahrt und alle waren zufrieden. Im Zuge der Bauarbeiten wurde dann allerdings der Stuck vollständig abgeschlagen. Da fragt man sich, wofür das alte Gemäuer überhaupt gerettet wurde. Inzwischen ist die alte Außenfassade wieder rekonstruiert.

Es sollen auch in einigen Straßen Alt-Oberkassels die früheren Gaslaternen mit ihrem milden gelben Licht erhalten bleiben, ebenso die Pflastersteine um den Drakeplatz. Vielleicht hat die Bürgerinitiative um die Kunstmäzenin Gabriele Henkel und den Altstadtbäcker und ehemaligen Karnevalsprinzen Josef Hinkel, die sich für den Erhalt der Gaslaternen eingesetzt hat, die Stadtoberen zur Einsicht gebracht, daß ein bißchen Lokalkolorit Düsseldorf-Oberkassel doch ganz gut zu Gesicht steht. Bäume, Gaslaternen und Pflastersteine haben in unserer heutigen coolen Zeit nun mal keine große Lobby. Da darf man schon froh sein, wenn sich ein paar Restbestände hartnäckig über die Jahre retten …

Aber etwas hat mich doch sehr gefreut. In den zehn Jahren, die ich hier schon lebe, starb im Gartenkarree Sonderburgstraße / Dominikanerstraße / Wildenbruchstraße / Steffenstraße jedes Jahr ein Baum. Entweder aus Altersschwäche, oder weil er seinen Besitzer wegen Blätter- oder Obstabfall störte. Ersetzt wurde leider keiner dieser Bäume, und ich dachte schon, unser kostbares Biotop sterbe jämmerlich. Unser Oberkasseler Hausgärtner Herbert Creischer von »Der grüne Hof« stellte kürzlich fest: »Immer mehr Neureiche verzieren ihre Terrassen sowieso nur noch mit künstlichem Buchsbaum.« Aber neulich schaue ich von der Loggia in die Gärten, und was sehe ich: Gleich zwei neue Hausinhaber investieren in gehobene Botanik. Der eine pflanzte tatsächlich eine Libanon-Zeder (die mich sicherlich überleben wird), und der andere hat offensichtlich mit zehn schlanken Zypressen und zwei italienischen Lotusbäumen eine toskanische Traumlandschaft im Blick. Unter uns gesagt: Weißrosa blühende deutsche Äpfelbäume hätten es auch getan. Aber bitte …

Ein Resümee

Mit der Verwirklichung des großflächigen Belsenparks hinter dem Alten Bahnhof stehen wir in Oberkassel vor einem Wendepunkt. Zum einen will und muß man modernes Bauen mit allem Wohnkomfort in ein altes Stadtviertel einlassen. Zum anderen sollte aber auch die historisch gewachsene Struktur dieses Vorzeigestadtteils mit seinen traditionellen Gartenkarrees und seiner bescheidenen Viergeschossigkeit erhalten werden. Vorbild sollte all das sein, was sich hier über die Jahrzehnte hinweg bewährt hat: keine bauliche Gleichmacherei, sondern individuelles Wohnen, mit der ganzen perfekten Infrastruktur, die Oberkassel zu bieten hat. Der Belsenpark – so er denn noch ein Stück Park bleibt – birgt mit seinen zahlreichen Neubürgern, eine große Chance, aber auch eine Gefahr. Wenn er sich dem Niveau und den Gegebenheiten in Oberkassel anpaßt, kann er für den neuen Lebensimpuls dieses beliebten, aber auch gefährdeten Stadtviertels durchaus ein Segen sein.

Peter Alex Pohl

Die schönste Kleinstadt der Welt

Fritz Aurin: »Oberkassel wird auf Dauer seinen Wert behalten.«
Georg Eiker: »Aber es fehlt oft an Phantasie für intelligente Lösungen.«

Seit mehr als hundert Jahren setzt sich der linksrheinische »Verkehrs- und Verschönerungs-Verein für den linksrheinischen Teil der Stadt Düsseldorf e.V.« (VVV) kreativ und kritisch für ein besseres Leben in Oberkassel, Niederkassel, Lörick und Heerdt ein. »Das gelingt nicht immer, aber doch zuweilen«, erklärt mir Dipl.-Ing. Georg Eiker (* 1950), selbst Architekt und Stadtplaner sowie 1. Vorsitzender dieses Bürgervereins. Und er verweist auch gleich auf seinen letzten Erfolg bei der neuen Ein- und Ausfahrt-Regelung zur gerade im Bau befindlichen Tiefgarage am Barbarossaplatz. »Das war eine Idee des VVV, die Einfahrt an die Luegallee zu verlegen und die Ausfahrt seitlich zur Stadtsparkasse. So stört man am wenigsten den Verkehrsfluß und behält doch ein harmonisches Gesamtbild, das den Platz nicht unnötig verschandelt.« Aber das klappt leider nicht immer. »Grundsätzlich haben wir keinen Einfluß auf die Baumaßnahmen der Bezirkspolitik. Wir können nur unsere Bedenken vortragen und die städtebaulichen Planungen kritisch und konstruktiv begleiten.«

Dipl.-Ing. Fritz Aurin (* 1938), Architekt im Ruhestand, doch als Schriftführer noch aktiv im Vorstand des VVV tätig, befindet sich mit im Gespräch. Aurin ist seit 1974 Mitglied im VVV führte den Verein sechzehn Jahre lang (von 1994 bis 2010) als 1. Vorsitzender. Wie Georg Eiker ist er ein gebürtiger Oberkasseler und verfügt demzufolge über einen hohen Bekanntheitsgrad und eine langjährige Erfahrung über alle kommunalen Veränderungen und Vorkommnisse in seinem geliebten »Veedel«, dem Stadtteil auf der »angeren Sitt«. Darum soll er hier auch als talentierter Heimatdichter und Autor mehrerer sehr lesenswerter Bücher gewürdigt werden. Zuletzt erschienen sind »Oberkassel persönlich« und »Pitter Muggel – Ein Leben in Oberkassel«.

Beginnen wir mit ein paar liebevollen Anmerkungen zu Oberkassel von Fritz Aurin, dem rührigen Pensionär mit dem Otto-Pankok-Bart: »Oberkassel ist nicht nur der schönste Stadtteil Düsseldorfs, Oberkassel ist für mich auch die schönste Kleinstadt der Welt. Ich möchte niemals mehr woanders wohnen. Das liegt aber nicht nur daran, daß ich hier zur Welt gekommen bin, das liegt vor allem an der Struktur. Oberkassel ähnelt einer Kleinstadt mit der unmittelbaren Anbindung an eine attraktive Großstadt. In Oberkassel ist alles sehr intim und gut sortiert. Das findet man vielleicht noch in gewissen Bezirken in Lübeck, Bremen oder Hamburg. Aber nirgendwo sonst ist es so harmonisch und komplett. Darum muß man so etwas auf jeden Fall bewahren. Und darum nenne ich sogleich die fünf Todsünden bei allen neuen Baumaßnahmen in Oberkassel: 1. Der Abriß von erhaltenswerten alten Häusern (vor allem gleich nach

Georg Eiker

Fritz Aurin

dem Krieg oder in den frühen 1970er Jahren praktiziert); 2. Billiges Bauen mit Verschandelungen im Retro-Look (zum Beispiel statt echter Sandsteinfassaden Plastikzierrat und Kunststeingemäuer); 3. Das Roden von altem Baumbestand in schönen Gartenkarrees (zum Beispiel zur Errichtung von Tiefgaragen); 4. Langweilige Einheitsbebauung in hochwertigen Lagen (zum Beispiel die Planungen für den sogenannten »Belsenpark« am Alten Bahnhof) und 5. Die Nichteinbeziehung der Bürger in die Bebauungspolitik für neuen Wohnraum.«

Hier bringt sich Georg Eiker mit ein: »Die größte Bedrohung für Oberkassel ist eine falsche Wohnungspolitik. Wir haben ja im November 2011 nach den Ereignissen um die Cimbernstraße (siehe die Einleitung in diesem Buch) an den Düsseldorfer Oberbürgermeister Dirk Elbers einen offenen Brief geschrieben. Die Antwort kam nach vier Monaten und war keine. Es wurde mit einem nicht mehr zu überbietendem Zynismus – Düsseldorf-Oberkassel sei nun mal kein Pflaster für bezahlbaren Wohnraum – lediglich auf die vielen hervorragenden neuen Baumaßnahmen wie Belsenpark, Heinrich Heine Gärten und Schanzenstraße hingewiesen. Beim Belsenpark besteht die Gefahr einer eintönigen Investoren-Architektur ohne jeden Spielraum für Individuelles, abgeschirmt durch einen Büroriegel. Bei den Heinrich Heine Gärten kommt nur rein, wer eine Wache passiert. Und dann nennt sich das ›Neu-Oberkassel‹, obwohl es eindeutig in Heerdt liegt. Und das alles natürlich mit nobelster Ausstattung in gehobener Preislage. Hier übersehen die Politiker unserer Meinung nach eine der größten Gefahren für Oberkassel, nämlich die der Segregation. Das heißt: der Absonderung, der Abtrennung oder der ›Entmischung‹ eines Stadtteils, wie so etwas die Fachleute nennen. Es kommt dann dazu, daß nur noch eine zwar wohlhabende, aber fast ortsfremde, zugewanderte Klientel in solchen Stadtteilen wohnt, die es sich leisten kann, von Leuten bedient zu werden, die hier gar nicht mehr leben. Solche ›Entmischungen‹ sind fatal. Es kommt auf lange Sicht gesehen zu einem Lebensraum, der nicht mehr lebenswert ist. Man kennt solche Zustände bereits aus Nobelwohnlagen in München oder Hamburg.«

Nach Ansicht von Georg Eiker, der eben auch Architekt und Stadtplaner ist, sollte man bei manchen Bauvorhaben in Oberkassel wieder die menschlichen Maßstäbe finden. »Das gilt für die Mietpreise der sogenannten Quartiersgarage am Barbarossaplatz, die ja nichts anderes ist als eine temporäre Tiefgarage. Für erschwingliche echte Quartiersgaragen fehlt hier in Oberkassel einfach der Platz. Da hätte es mehr Phantasie bedurft für ungewöhnliche, intelligente Lösungen, wie beispielsweise die schon einmal in die Diskussion eingebrachten Deichgaragen mit gleichzeitigem Dammschutz. Platz dazu wäre genügend vorhanden auf den Rheinwiesen vor Oberkassel. Problematisch ist aber auch die Kurzsichtigkeit mancher Politiker, die, siehe das Beispiel Belsenpark, nur solchen Investoren hinterherlaufen, die billig bauen, um dann teuer verkaufen zu können und möglichst schnell ihre Abschreibungen zu kassieren.«

»Manche frühere Idee war eben doch bahnbrechend und wäre auch für heutige Zeiten beispielhaft«, erinnert Fritz Aurin und meint damit das Rheinbahnkonzept in Oberkassel um die Jahrhundertwende. »Damals wurde von der Rheinbahn als Generalinvestor der Quadratmeter Land in Oberkassel für 70 Reichspfennig eingekauft und nach Erschließung für 70 Reichsmark wieder veräußert. So kam es zu einer Vielzahl von Bauträgern, die alle individuell bauen und handeln konnten. Oberkassel wurde so unvergleichbar abwechslungsreich und authentisch. So hätte man das mit dem Filetstück hinter dem Alten Bahnhof auch machen sollen. Ein schlechter Architekt ist in der Vielfalt von vielen erträglich. Aber einer oder zwei, die alles richten, bergen ein zu großes Risiko.«

»Dennoch«, sagt Fritz Aurin, »irgendwie und Gott sei Dank ist Oberkassel auch wieder unkaputtbar. Das liegt an der von den Kriegen weitgehend verschont gebliebenen und noch gut erhaltenen alten Bausubstanz. Und es gibt ja auch einen gewissen En-

Geschäftsstelle des VVV in der Oberkasseler San-Remo-Straße, Otto-Fuhrmann-Zimmer

sembleschutz, der glücklicherweise beachtet werden muß. Vieles wurde leider gleich nach dem Zweiten Weltkrieg abgerissen oder dem Verfall preisgegeben. Besonders in der Düsseldorfer Straße, am Kaiser-Friedrich-Ring oder am Kaiser-Wilhelm-Ring. Man hatte vor dem Denkmalschutz einfach keinen Bezug zu den alten Gemäuern. Es herrschte Wiederaufbaustimmung, eine andere Denkweise. Heute hätte man vielleicht das eine oder andere gerettet. Aber in den frühen 1970er Jahren, mit der Eröffnung des Restaurants ›Sassafras‹, kam eine neue Zeit. Das kleinbürgerliche, biedere Ambiente von Oberkassel wurde auf einmal schick. Viele Werber, Künstler, Schauspieler, Intellektuelle und die Wohlhabenden zogen nach Oberkassel. Hier herrschte ein fast exotisches Flair. Neue, junge Lokale machten auf. Es gab auf einmal echte Jazzkneipen. Man traf Josef Beuys mit Schlapphut vor seinem Atelier am Drakeplatz, oder er fuhr an einem vorbei, im offenen rosafarbenen Lincoln Continental. Wir, meine Frau und ich, hatten 1965 gerade erst geheiratet und spielten als Statisten mit dem UFA-Star Marika Rökk in der ›Maske in Blau‹ von Fred Raymond im Theater am Worringer Platz. Die Gage wurde abends gleich in Flüssiges umgesetzt. Das war schon eine tolle Zeit! Und ich erinnere mich auch an das Jahr 1942. Da war ich noch ein Bub und das Eis auf dem Rhein war 30 Zentimeter dick. Mein Vater und ich sind vom Planetarium (heute Tonhalle) bis zur Rheinallee über das Eis geschlittert. Ich habe erst neulich im WDR in der ›Lokalzeit‹ davon erzählt. Das sind Erinnerungen vom alten Oberkassel, die über die Jahre bleiben …«

»Eines jedenfalls steht fest: Oberkassel wird, trotz aller Unkenrufe, auf Dauer seinen Wert behalten!« Da sind Fritz Aurin und Georg Eiker einer Meinung. Das allein schon ist es wert, sehr darauf aufzupassen, daß nicht doch noch irgendwann ein Werteverfall einsetzt.

TREPPENAUFGÄNGE das Entrée zum Glück

30
ZONE

Luegallee / Markgrafenstraße

Der »Häuserflüsterer« von Oberkassel

Dr. Jörg Heimeshoff: »Denkmalpflege bedeutet Substanzerhaltung, nicht Erneuerung!«

Aus Düsseldorf-Oberkassel kommt Dr. Jörg A. E. Heimeshoff nicht. Er lebt mit seiner Familie in einem schönen Altbau in Essen-Werden. »Ich bin ein echter Werdener«, sagt er, wenn man ihn danach fragt. Aber er kennt in Oberkassel so gut wie jedes Haus, vor allem die 327 denkmalgeschützten. Wen wundert es, bestimmt er doch selbst mit, was als Denkmal gilt. Dr. Jörg Heimeshoff arbeitet seit November 1980 bei der Denkmalbehörde der Landeshauptstadt Düsseldorf und ist seit 1986 deren Leiter in der Brinckmannstraße 5 in Düsseldorf. Ihn als »Häuserflüsterer« zu bezeichnen ist durchaus sinnvoll, hat er doch ab 2001 auch eine Buchreihe zum Thema »Denkmalgeschützte Häuser in Düsseldorf« ins Leben gerufen, in deren zweitem Band Heimeshoff rund 360 linksrheinische Hausdenkmäler aus den Stadtteilen Oberkassel und Heerdt akribisch porträtiert. Wir sprechen mit ihm beim Tee über den Werdegang und die Aufgaben eines Denkmalschützers. Wie wird man das? Und wann ist was ein Denkmal?

Dr. Jörg Heimeshoff (* 1951) studierte Kunstgeschichte, Englisch und Klassische Archäologie. 1979 promovierte er in Kunstgeschichte über den Kirchenarchitekten Emil von Manger, der im 19. Jahrhundert in Westfalen und Niedersachsen zahlreiche Kirchen erbaute. »Schwerpunkt in meinem Studium der Kunstgeschichte war die Architekturgeschichte. Darüber bin ich in Kontakt mit der Denkmalpflege am Westfälischen Amt für Denkmalpflege in Münster gekommen, danach zur Denkmalbehörde in Düsseldorf.« Als deren heutiger Leiter betreut er auch weitere Gremien: Seit 1986 vertritt Heimeshoff die Stadt in der AG Denkmalschutz und Denkmalpflege im Städtetag NRW und in der entsprechenden AG des Deutschen Städtetages; seit 1991 auch in der AG Historische Stadtkerne in NRW, seit 2007 als Vorsitzender der Regionalgruppe Rheinland/Ruhrgebiet dieser AG.

Dr. Jörg Heimeshoff hat die Liebe zum alten Gemäuer auch zu seinem Hobby erkoren. »Am liebsten unternehmen wir Städtereisen. Besonders gern bin ich in Bamberg mit seinem tollen Stadtbild und der angrenzenden Fränkischen Schweiz. Da sind wir jedes Jahr einmal.«

In ganz Düsseldorf, inklusive Heerdt und Lörick, gibt es circa 1.600 Bau- und Bodendenkmäler. Darunter versteht man nicht nur Häuser, sondern auch Industriedenkmäler, Brunnen, Parkanlagen, Friedhöfe oder Skulpturen im öffentlichen Raum. Allein in dem 3,64 Quadratkilometer großen Stadtteil Oberkassel sind es 327. Und 90 Prozent dieser Objekte befinden sich in Privatbesitz. Der Denkmalbereich in Oberkassel umfaßt Gebäude der Lohengrinstraße südlich

Dr. Jörg Heimeshoff

der Schanzenstraße bis westlich und östlich der Belsenstraße, des Belsenplatzes und der Lanker Straße, zudem Bauwerke nördlich und südlich der Luegallee, Teile der Quirinstraße, der Arnulfstraße, des Barbarossaplatzes, der Schorlemerstraße, der Oberkasseler Straße, der Joachimstraße, der Leostraße, der San-Remo-Straße und der Düsseldorfer Straße sowie des Kaiser-Wilhelm-Rings und des Kaiser-Friedrich-Rings. Die Glücksburger Straße (mit einbezogen sind die Barmerstraße und die Steffenstraße) ist das am dichtesten denkmalgeschützte Areal in Oberkassel. Jörg Heimeshoff: »Nur zwei Häuser in der Glücksburger Straße stammen aus der Zeit nach dem Zweiten Weltkrieg. Alle anderen Anwesen sind Erstbebauungen vor 1910.«

Ähnlich gut erhalten ist das Herz Oberkassels, der rautenförmige Drakeplatz mit seinen strahlenförmig auslaufenden Zubringerstraßen. Die Sonderburgstraße, die Salierstraße, die Markgrafenstraße und die Brend'amourstraße sind – neben den beiden prächtigen Ringstraßen – weitere Schmuckstücke der Bebauung um die Jahrhundertwende. Jörg Heimeshoff: »Historismus, Neogotik, Neobarock, eigentlich nur sehr selten reiner Klassizismus stellen sich hier nebeneinander aus – zuweilen unterbrochen von Häuserfassaden mit schönstem Jugendstil-Dekor. Das ist ein homogenes Stadtbild der Jahre 1900 bis 1911, wie man es in dieser Einheit und Vielfalt kaum sonst wo sieht – vielleicht noch vergleichbar mit dem »Frankenberger Viertel« in Aachen oder dem »Zooviertel« in Wuppertal. Umso schützens- und erhaltenswerter sind solche Stadtteile.«

Wie wird nun ein Oberkasseler Haus zum Baudenkmal?

Dr. Jörg Heimeshoff: »Wesentlicher Gesichtspunkt des Denkmals ist die historische Bedeutung. Damit ist auch gesagt, daß die Beurteilung des Denkmals frei sein muß von künstlerischen und geschmäcklerischen Gesichtspunkten. Allein die historische Botschaft ist zu bewerten. Die Eigenschaft als Denkmal liegt beispielsweise auch dann vor, wenn ein Baudenkmal lediglich orts- oder ortsteilprägend ist. Wir – das heißt meine vier Mitarbeiter und ich – sehen uns die Gebäude von außen an und schauen in die alten Bauakten. Die sind im Fall Oberkassel seit 1870 in der Regel gut erhalten. Für Denkmäler in NRW gibt es dabei keine Altersbeschränkung. So spielt das Alter eines Gebäudes keine Rolle. Es kommt vielmehr auf die historische, die städtebauliche, die volkskundliche und zum gewissen Teil auch auf die künstlerische oder die ästhetische Bedeutung an. Alles das geschieht in enger Zusammenarbeit mit dem Landeskonservator.«

Und wie beweist sich dann ein als akzeptiert geltendes denkmalgeschütztes Haus?

»Dafür gibt es seit 15 Jahren die postkartengroße Denkmalplakette mit Landeswappen in den Farben Rot-Weiß-Grün und eine Urkunde, unterschrieben vom zuständigen Minister. Sie kann von uns immer noch kostenfrei angefordert werden, so man ein Baudenkmal hat. Viele Immobilienbesitzer wissen das gar nicht. So sieht man diese Plaketten relativ selten im Stadtbild. Es ist ja auch keine Pflicht, diese Plakette am Haus anzubringen.«

Aber man hat Vorteile davon.

»In bescheidenem Umfang, ja! Die Denkmalbehörde untersteht der Stadt und somit direkt dem Oberbürgermeister und dem Baudezernat. Die Fördermittel kommen vom Land und den Kommunen. Sie sind aber kleiner, als man allgemein denkt. So bezuschussen wir Bau- oder Restaurierungsmaßnahmen denkmalgeschützter Häuser anteilmäßig bis zu maximal 5.000 Euro pro Förderfall. Das soll nicht mehr als eine Anerkennung sein. Denkmalpflege bedeutet Substanzerhaltung, nicht Erneuerung! Wir sind bemüht, möglichst das ursprüngliche Erscheinungsbild zu wahren, müssen dabei aber immer im Auge behalten, daß neben dem Erhalt des Objekts auch eine sinnvolle Nutzung ermöglicht wird. In acht von etwa 25

Dominikanerstraße

Anfragen haben wir im Jahr 2010 geholfen. Dann war der zur Verfügung stehende Etat aufgebraucht. Gewünscht werden immer wieder Bescheinigungen auf Maßnahmen am Gebäude. Das ist das Wesentliche. Und die gewähren wir, wenn ein Haus unter Denkmalschutz steht und wir den Maßnahmen vorher zugestimmt haben. Dann gibt es auch die gewünschte Steuerbescheinigung.«

Und wer kann sich an Sie wenden?

»Die Denkmalbehörde greift die Anregungen und Fragen aller Bürger auf. Wir beraten auch Nichtdenkmalbesitzer – kostenfrei – und zwar speziell zu Fragen der sinnvollen Gebäudetrockenlegung, Restaurierung von Stuckdecken, Instandsetzung alter Fenster (soweit möglich). So gibt es schon feine Unterschiede, die zu bedenken sind. Generell lautet unser Motto: ›Man kann nur pflegen, was da ist!‹ Versagungen einer denkmalrechtlichen Erlaubnis sind eher die Ausnahme. Dies ist auf eine intensive Beratung im Vorfeld der Erteilung einer Erlaubnis zurückzuführen.«

Erst seit 1980 gibt es in NRW ein Gesetz für Denkmalschutz. Vorher, in den 1950er und 1960er Jahren wurden, gerade auch in Oberkassel, viele Fassadenverzierungen schnell und ungefragt abgeschlagen. Das hat damals niemanden gekümmert. Da herrschte ein anderer Zeitgeschmack. Man fand es schick, alles zu versachlichen und zu erneuern. Erst Mitte der 1970er Jahre kam mit der Nostalgiewelle wieder ein anderes Stilgefühl. Da wollte man plötzlich erhalten und bewahren. 1975 war dann das »Europäische Jahr des Denkmalschutzes«. Seitdem interessieren sich die Leute wieder verstärkt für Wohnen in einem historisch wertvollen Umfeld. Bis heute hat Oberkassel seine Funktion als bevorzugtes Wohngebiet gehobenen Standards erhalten. Und neuerdings ist es so, daß in neohistorischen Neubauten wie gerade in der Salierstraße, der Lanker Straße oder an der Wildenbruchstraße wieder hohe Räume, säulenumfaßte Fassaden oder tempelartig anmutende Aufbauten gerade für ein sehr wohlhabendes Klientel wieder äußerst *en vogue* zu sein scheinen.

Dr. Jörg Heimeshoff: »Ich habe den Eindruck, hier in Oberkassel wurde in den letzten zehn Jahren durch maximalen Ausbau der Häuser (Sockelgeschosse, Dachausbau) immer mehr Wohnplatz geschaffen, weil es besonders attraktiv ist, hier zu wohnen. Der Trend geht, glaube ich, wieder klar zurück zum Familienhaus, wie damals, zur Jahrhundertwende. Gesucht werden vor allem von außen aufwendig renovierte und von innen mit allem neuzeitlichen Komfort ausgestattete, luxuriöse Familienhäuser im historischen Ambiente.«

Da bleibt der alteingesessene Oberkasseler Normalmieter freilich auf der Strecke. So wünschte man sich, daß Dr. Jörg Heimeshoff, unser »Oberkasseler Häuserflüsterer«, auch bei der anstehenden Bebauung des sogenannten »Belsenparks« hinter dem Alten Bahnhof schon im weiten Vorfeld ein gehöriges Wörtchen mitzureden hat. Aber der »Häuserflüsterer« winkt ab: »Auf die Nutzung können wir dort keinen Einfluß nehmen. Der Denkmalschutz ist hier nur ein Aspekt unter vielen öffentlichen Belangen. Wir können zwar im Vorfeld etwas beeinflussen, aber sonst gilt das Baurecht. In Verfahren, die zu Bebauungsplänen, Erhaltungs- und Gestaltungssatzungen führen, wird die Denkmalbehörde beteiligt. Hier kann Einfluß genommen werden. Letztlich entscheidet aber der Rat der Stadt.«

TÜREN
öffnen
den Blick

Sonderburgstraße / Dominikanerstraße

1903

Pinsel-Dramen und Traum-Welten

Helmut Rottke: »Heute schätze ich den Wert von Oberkassel, dieser kleinen, grünen Oase der Ruhe, mehr denn je«

Es gibt nicht mehr viele solcher alten, verträumten Stadthäuser in Düsseldorf-Oberkassel. Das in der Dominikanerstraße 19, das Wohnhaus und Atelier des Grafik-Designers, Malers und ehemaligen Art-directors Helmut Rottke und seiner Frau Vera, ist so eines. Es hat etwas Märchenhaftes, wenn abends die milde Spätsommersonne auf die Fassade dieser in Düsseldorf einmaligen Häuserzeile mit ihren mehrfarbigen, gebrannten und glasierten Schmuckziegeln fällt. Dann glühen die Gebäude, sieht man sie von der Sonderburgstraße aus, geradezu von innen heraus, und man wird neugierig, was sich wohl so alles dahinter verbirgt.

»Es war schwierig«, erzählt Helmut Rottke bei meinem zweiten Besuch, »überhaupt jemanden zu finden, der uns bei einer Sanierung vor ein paar Jahren 40 neue Farbziegel für die Außenfassade brennen konnte. Es gibt ja keine Industrie mehr dafür. Schließlich fanden wir mit Hilfe des Denkmalschutzes einen Bildhauer, der uns in Handarbeit das passende warme Ockergelb und das tiefgründige Flaschengrün auf den neuen Ziegeln herstellen konnte. Man sieht heute an der Fassade nichts mehr von diesem Eingriff.«

Wenn man dieses Haus betritt, umgibt einen schon im Treppenhaus eine ganz besondere, eigene Atmosphäre. Das mögen wohl auch die kunstinteressierten Gäste empfinden, die im Rahmen der jährlich stattfindenden Kunstpunkte der offenen Ateliers in Düsseldorf und Umgebung auch die steilen, weißen Jugendstiltreppen ins helle, geräumige Atelier zu Helmut Rottke hochsteigen. Es hat schon etwas Großbürgerliches, die Ausblicke durch die hohen Fenster in den lauschigen, immergrünen Oberkasseler Garten mit Palmen und Liebesschaukel, die eleganten feingliedrigen Stuckrahmen, die scharlachroten Kokosläufer.

Oben, etwas außer Atem angekommen, beeindruckt sofort die Emsigkeit und Vielseitigkeit eines Art-directors außer Dienst, der kein Hobbymaler oder Künstler im Ruhestand sein will. Überall Papierrollen: zart-farbige Aquarelle, schwarze, deftig-rhythmische Tuschezeichnungen auf durchscheinendem Chinapapier, geheimnisvolle Farbabklatsche sowie dreidimensionale Traumlandschaften wie aus fernen Galaxien.

Helmut Rottke, 1940 in Berlin geboren, hat einen interessanten Lebenslauf. Nach seinem Grafikdesign-Studium an der Werkkunstschule in Offenbach, nach Staatsexamen und als Meisterschüler bei Prof. Hans Schweiss für freie Kunst wurde er Grafikdesigner und Art-director in verschiedenen Werbeagenturen wie bei A. Stankowski, Troost, EDB oder GGK. Er war Mitglied im »Art Directors Club Deutschland« sowie

Helmut Rottke

in verschiedenen nationalen und internationalen Jurys. 1979 gründete er sein eigenes Design-Studio, die »Rottke Werbung GmbH« in Düsseldorf-Oberkassel, und führte es bis 2004, hier in seinem schönen Haus in der Dominikanerstraße. Er ist Träger von mehr als 100 Medaillen und Auszeichnungen für Werbung und Design. Er wurde mit seinen Bildern und Theater-Plakaten in bekannten Museen ausgestellt, unter anderem in Tokio, Paris, Barcelona, Mailand, New York und Taiwan, aber auch in Düsseldorf und Köln. Und er ist vor allem bekanntgeworden mit seiner spektakulären Theater-Plakatwerbung für 18 namhafte Bühnen, Schauspiel- und Festspielhäuser in Deutschland und Europa.

So zum Beispiel 1980 mit seiner unter größtem Zeitdruck und kleinstem Etat entstandenen Plakatwerbung für eine *Carmen*-Inszenierung am Düsseldorfer Schauspielhaus (der Initialzündung für viele spätere Kampagnen) unter dem Intendanten Volker Canaris. Es war ein rotes Plakat mit dem Slogan: »Düsseldorfer Männer, verlaßt Eure Frauen und besucht Carmen!« Das brachte nicht nur dem Theater ein volles Haus, sondern auch ihm und seinem Texter und Freund Reinhold Scheer höchstes Lob und manchen begehrten Preis. Genauso 1991 das Plakat zu einer Totentanz-Inszenierung von August Strindberg mit dem Text: »Auf der Suche nach dem Glück ist der Partner das nächstliegende Opfer.« Unterzeile: »Eheberatung in sieben Bildern.«

Dazu Helmut Rottke heute: »Das Plakat war im Nu vergriffen. Vor allem Frauen standen damals an der Kasse Schlange. Gute Werbung ist nicht das Herausposaunen von Vorteilen, sondern vielmehr die Idee, dem zu bewerbenden Produkt eine interessante Story zu geben.«

In seinem Archiv bewahrt Helmut Rottke mehr als 200 solcher eigenwilligen, witzigen wie auch bewußt provokativen Plakatentwürfe. Immerhin hat Helmut Rottke das Grillo-Theater in Essen ganze 15 Jahre und das Düsseldorfer Schauspielhaus sechs Jahre lang werblich betreut. Weitere Auftraggeber waren die Wuppertaler Bühnen, das Kunstfest Weimar, die Ruhrfestspiele Recklinghausen und andere renommierte Häuser. 100 dieser Plakate will er demnächst in einer repräsentativen Ausstellung vorstellen. René Grohnert, Leiter des »Deutschen Plakat Museums« im berühmten Museum Folkwang in Essen, hat für 2013 lebhaftes Interesse bekundet. Dafür wird zurzeit mit einer Gruppe Studenten der Fachhochschule Düsseldorf ein aufwendiger Katalog entwickelt.

»Ein Werber im Unruhestand«, überschrieb Heide-Ines Willner 2010 eine Reportage über Helmut Rottke in der Rheinischen Post. Das trifft die Sache im Kern, denn Helmut Rottke kann auch mit über 70 Jahren künstlerisch keine Ruhe geben. So bleibt er weiterhin neben seiner großen Freude am Malen und Zeichnen auch Designer, Konzeptionist, Plakatmacher und Cartoonist und ist damit in der Tat ein Künstler im Nicht-Ruhestand. Vor allem seine Traum-Welten in der besonderen Technik des Farbabzuges (der Fachmann spricht von »Décalcomanie«, Farbabklatsch) haben etwas Surreales und Phantastisches, das den Betrachter in ganz neue, nie gesehene Welten führt.

»Diese Bilder passieren ungeplant«, erklärt Helmut Rottke. »Es entstehen Landschaftsbilder von ungeahnter Intensität. Das sind gewissermaßen Seelenlandschaften. Bevor ich zum Beispiel das erste Mal nach Island gefahren bin, habe ich mir Island geträumt. Herausgekommen ist dabei eine vorausgesehene Bilderserie mit Eis und Feuer, Elfen, Trollen und viel Spielraum für den Betrachter. Mit meinen Pinsel-Dramen, den schwarz-weißen oder goldenen Tuschezeichnungen, ist das anders. Meine Hand, die den Pinsel hält, ist auf geradem Weg mit meinem Unterbewußtsein verbunden. Es malt meine Bilder. Das Bewußtsein ist nahezu ausgeschaltet. Durch Meditation, Musik, Rausch. Die Hand mit dem Pinsel beginnt sich zu bewegen. Manchmal in Schwüngen. Dann wieder

Atelier Helmut Rottke

in konvulsivischen Zuckungen. Die Bilder entstehen und vollenden sich wie von einem Fremden erdacht. Seelenströme sammeln sich im Unterbewußtsein und erzeugen in einer automatischen Niederschrift szenische Figurationen, die dem einzelnen Beschauer ganz persönliche Deutungen abverlangt.«

Helmut Rottke fühlt sich heute als wirklich freier Künstler. »Ich habe nicht mehr die Zwänge und den Erfolgsdruck eines Art-directors. Und diese Freiheit ist wunderbar! Alle Versuche, beides nebeneinander zu machen, sind in all den Jahren zugunsten der zeitlich und energetisch anspruchsvollen Berufstätigkeit gescheitert. Seit ich mich ganz und gar der freien Kunst verschrieben habe, sehe ich Folgendes: Schon als Student Anfang der 1960er Jahre habe ich stilistisch und inhaltlich so gemalt wie heute. Heute, nach den wunderbaren und erfolgreichen Berufsjahren, wächst das zusammen.«

Helmut Rottke freut sich hier zu leben. »40 Jahre Oberkassel! Wir würden hier nie wieder wegziehen, nicht mal in unser schönes Refugium am Lago Maggiore. Das Haus in Düsseldorf haben wir 1976 von den Erben einer ehemaligen Opernsängerin gekauft. Schon beim ersten Besuch waren wir begeistert von seinen hohen Räumen, seinem Wintergarten und dem alten Stuck an den Decken. Natürlich haben wir viel hineingesteckt. Aber hier hat meine Frau, die 16 Jahre lang Rektorin der Grundschule in Lörick war, unseren Sohn Fabian aufgezogen. Fabian hat einen Baum gepflanzt, der heute bis zum zweiten Stockwerk reicht. Wir haben hier Freunde gefunden und fühlen uns einfach zu Hause. Übrigens hat auch mein Sohn seinem Vater nachgeeifert und ist in Berlin ein erfolgreicher Kommunikationsdesigner geworden, was mich natürlich besonders freut. So schließt sich der Kreis.«

Und wie fühlt man sich zu Hause in Oberkassel?

Helmut Rottke: »Oberkassel ist immer noch ein homogener Stadtteil, eine städtebauliche Einheit, wie aus einem Guß. Es ist wie ein Kunstwerk, und ich schätze erst heute so richtig diese Gartenidylle, diese kleine, grüne Oase der Ruhe. Im Sommer, wenn es warm ist, sind manche der Gärten wie ausgestorben. Es gibt keine Krawalle, kein lautes Singen, Grölen oder Korkenknallen wie in der Altstadt. Aber gleichzeitig brauche ich auch die Anregung der großen Stadt, ihre Kultur und unsere Freunde. So ist mir unser Haus mit seinem Atelier ein Refugium und Oberkassel mein schönster Lebensraum.«

BUNTGLAS-FENSTER erwärmen die Seele

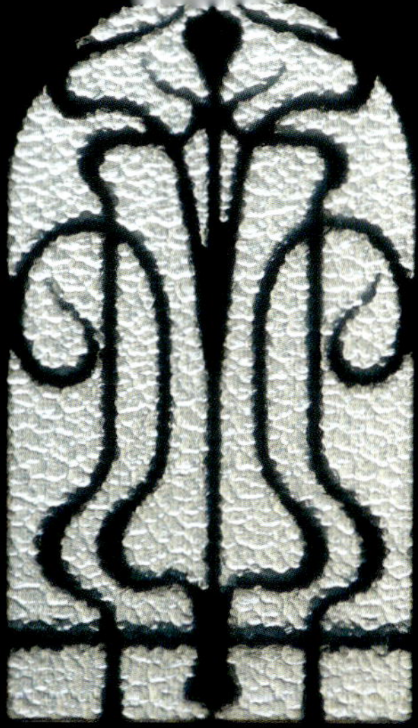

Sophienhof / Quirinstraße

Verzauberung regt den Geist an

Lioba Winterhalder: »Ich liebe sinnliches Theater, das Gefühle und Phantasien zuläßt«

Ich trage einen großen Namen«, so nennt sich eine populäre deutsche Fernsehratesendung, bei der (seit 1977) jeweils zwei Gäste vorgestellt werden, die mit einer berühmten Person aus der Vergangenheit oder der Zukunft irgendwie – und sei es über fünf Ecken – verwandt sind. In dieser Sendung könnte auch Lioba Winterhalder auftreten, eine bekannte Kostüm- und Bühnenbildnerin aus Düsseldorf-Oberkassel, trägt sie doch immerhin – wenn auch mit einem »d« am Ende – den Namen von Franz Xaver Winterhalter (1805 – 1873), einem der bekanntesten deutschen Portraitmaler und Lithographen, der der Nachwelt vor allem durch sein wunderschönes Bildnis der österreichischen Kaiserin Elisabeth (»Sisi«) in Erinnerung geblieben ist.

Und verwandt ist sie mit ihm wirklich. Wie sich laut Stammbaum herausstellte, handelt es sich bei dem Winterhalter mit »t« um einen Ur-Ur-Ur-Großonkel von Lioba Winterhalder. Das hat eine Verwandte aus Basel herausgefunden, die selbst noch original Winterhalter-Skizzen besessen und an die Kirche vermacht hat. Lioba Winterhalder: »Das ist ja ein bekannter Name im Schwarzwald. Der ›echte‹ Winterhalter kam aus Menzenschwand; ein weiterer Zweig stammt aus dem Dorf Hubertshofen, zehn Kilometer von Donaueschingen. Und die schrieben sich mal mit ›d‹, mal mit ›t‹. Wenn ich heute Porträts male – denn das ist wohl ein vererbtes Talent – zeichne ich meinen Namen am Ende mit ›t‹.«

Lioba Winterhalder in ihrer Oberkasseler Künstlerwohnung persönlich anzutreffen, ist so einfach nicht. Erst beim dritten Versuch klappt es in der Belsenstraße. Sie kommt gerade von der Berlinale, von ihren Freunden Wilma und Dieter Kosslick, der übrigens früher auch mal in Oberkassel, in der Markgrafenstraße, gewohnt hat. »Das war noch, als Dieter Kosslick Leiter der Filmstiftung NRW war, also noch vor seiner Zeit als erfolgreicher Direktor der Filmfestspiele Berlin, als der große Beweger und Vernetzer. Übrigens, Dieter, der ungeheuer liebevoll mit den Menschen umgeht, ist immer auf dem Teppich geblieben – auch wenn es heute ein roter ist …«

Lioba Winterhalder (* 1945) stammt aus Wolfen in Sachsen-Anhalt. Sie wuchs in Augsburg auf und erlebte dort als Kind nicht nur ihre erste Aufführung in der »Augsburger Puppenkiste«, sie sah dort im Stadttheater auch ihr erstes Ballett – »Petruschka« von Igor Strawinsky. Das mochte sie innerlich so bewegt haben, daß sie schon mit 17 Jahren ihr erstes Bühnenbild für »Der Wolf und die sieben Geißlein« der »Augsburger Puppenkiste« verwirklichen durfte. »Danach war alles vorgeprägt. Ich will die Menschen ver-

Lioba Winterhalder

zaubern, so wie mich damals ›Petruschka‹ verzaubert hat. Zunächst wollte ich Malerin werden. Aber die Eltern rieten ab: ›Bloß keine brotlose Kunst!‹ Auch Gebrauchsgrafik war nichts für mich. Ein Praktikum am Stadttheater bestärkte mich darin, mich als Bühnen- und Kostümbildnerin ausbilden zu lassen. Das war gar nicht so einfach in den frühen 1960er Jahren. Damals gab es keine Bühnenbildnerinnen. Es war ein reiner Männerberuf. Aber nach sieben Semestern an den Kunstakademien in München und Berlin erwarb ich mir dann das nötige Wissen.«

Die Praxis kam schnell. Nach ihrem Studium und einem ersten Engagement in Essen zog es Lioba Winterhalder mit 23 Jahren nach Paris. Dort assistierte sie dem bekannten Bühnenausstatter André Acquart und arbeitete mit Regisseuren wie Roger Blin, George Wilson oder Jean-Louis Barrault am Théâtre de l'Odéon. Einer ihrer künstlerischen Höhepunkte: die Mitarbeit an der skandalträchtigen Uraufführung »Die Wände« von Jean Genet. Bis Ende 1969 war sie selbständige Kostümbildnerin an verschiedenen Bühnen in Paris sowie an den Opernhäusern von Lyon, Amsterdam und Lissabon.

»Acquart hat mich sehr gestützt in meiner Entwicklung als Bühnenbildnerin«, erzählt Lioba Winterhalder im Rückblick auf mehr als 40 künstlerische Schaffensjahre an wichtigen europäischen Bühnen, sei es bei Theater, Oper, Ballet und später auch beim Film. »Aber in den vier Jahren bei Peter Zadek am Bochumer Schauspielhaus habe ich noch viel dazugelernt. Zadek war jemand, der einen unglaublich forderte. Er wollte immer Höchstleistungen! Seine Shakespeare-Inszenierungen mit ›Hamlet‹ in Bochum oder ›Ein Wintermärchen‹ in Hamburg waren Trendwenden! Er war ein Avantgardist, jemand, der auf der Bühne immer wieder völlig Neues wagte. Er arbeitete psychologisch mit den Kostümen, die zu jeder Probe neu zusammengestellt wurden. Die Arbeit mit ihm war oft nervenaufreibend. Aber letztendlich haben wir alle davon profitiert.«

Ende 1969 kam Lioba Winterhalder nach Düsseldorf. Sie wurde Ausstattungsleiterin der Kammerspiele, damals noch im Carsch-Haus, für die sie zahlreiche Inszenierungen ausstattete. 1971, der letzten Spielzeit von Karl-Heinz Stroux, entwarf sie Bühnenbilder und Kostüme für Handkes »Ritt über den Bodensee« am Düsseldorfer Schauspielhaus. Sie zog mit Siamkatze in eine schöne, große Altbauwohnung am Kaiser-Friedrich-Ring nach Oberkassel, wo sie 16 Jahre lang wohnte. 1973 erhielt sie für ihre bühnenbildnerische Arbeit den Förderpreis der Landeshauptstadt Düsseldorf, nicht zuletzt für die Ausstattung der legendären »Heinrich-Heine-Revue« in der Inszenierung von Günther Büch an den Kammerspielen. Es folgten Arbeiten für das Schauspielhaus Hamburg, das Schauspiel Frankfurt am Main, das Cuvilliéstheater in München, das Schloßparktheater und die Freie Volksbühne in Berlin, für die Wuppertaler Bühnen und das Staatstheater Darmstadt.

1989 zog Lioba Winterhalder in ihr neues Domizil, ihre Künstler- und Atelierwohnung in der Belsenstraße, ebenfalls in Oberkassel. »Hier lebe ich nun schon 22 Jahre. Oberkassel hat etwas Dörfliches. Man fühlt sich hier sicher und kann auch mal nachts auf die Straße gehen. Man braucht kein Auto und man hat eine wunderbare, kurze Anbindung an die große Stadt.«

Lioba Winterhalder hat 1999 an der internationalen Filmschule in Köln eine Dozententätigkeit für den Fachbereich »Kostümbild« angenommen. 2008 ehrte sie das Theatermuseum in Düsseldorf mit einer großen Ausstellung über ihre »Entwürfe und Kostüme für das europäische Theater«. Viele ihrer Arbeiten sind inzwischen in dieser Sammlung untergebracht. Am liebsten malt sie heute Porträts. Damit ist sie gewissermaßen zu den Wurzeln ihrer Kunst zurückgekehrt. Sie malt übrigens wie die Alten Meister mit Ölfarben auf grundiertem Holzuntergrund. Gelernt hat sie diese Technik bei dem bekannten Wiener

Wohnung Lioba Winterhalder

Maler Richard Matouschek, ihrem langjährigen Lebensgefährten und Wegbereiter.

Fragt man Lioba Winterhalder, was sich ihrer Meinung nach in ihrem Metier als Bühnenbildnerin in den vergangenen Jahrzehnten verändert hat, so bekommt man folgende Antwort: »Man mag es ja kaum glauben, aber manche Ausstattungen sind heute viel teurer als früher, auch wenn das auf den ersten Blick kaum sichtbar wird. Modernste Technik und Licht verschlingen manchmal enorme Summen. Da mögen nur vier Stühle auf der Bühne stehen, aber sie stehen auf echtem Parkett. Was mich mehr stört als der neue Minimalismus auf den Bühnen, ist die Zertrümmerung der Klassiker generell. Die Bühnenbilder und die Kostüme spiegeln oft nicht mehr deren Zeit wider. Eine Frau im Korsett aus dem 18. Jahrhundert agiert und bewegt sich ganz anders als eine Business-Frau im Hosenanzug, wie es heute oft gezeigt wird. Hier fehlt der Zusammenhang mit der Tradition. Die Handlung, das Gebaren, passen nicht mehr zur Sprache und zum Inhalt. Seltsamerweise: Die großen Zerstörer haben heute Erfolg. Daß wir uns nicht falsch verstehen: Eine pompöse, historisch exakte Ausstattung muß es nicht sein. Aber Reduktion ist immer auch eine Verarmung unserer Phantasie. Unsere Seele erwärmt sich nicht. Verzauberung regt den Geist an. Ich liebe sinnliches Theater, das Gefühle und Phantasien zuläßt.«

STUCK
&
DEKOR
Erinnerung
an eine
ferne Zeit

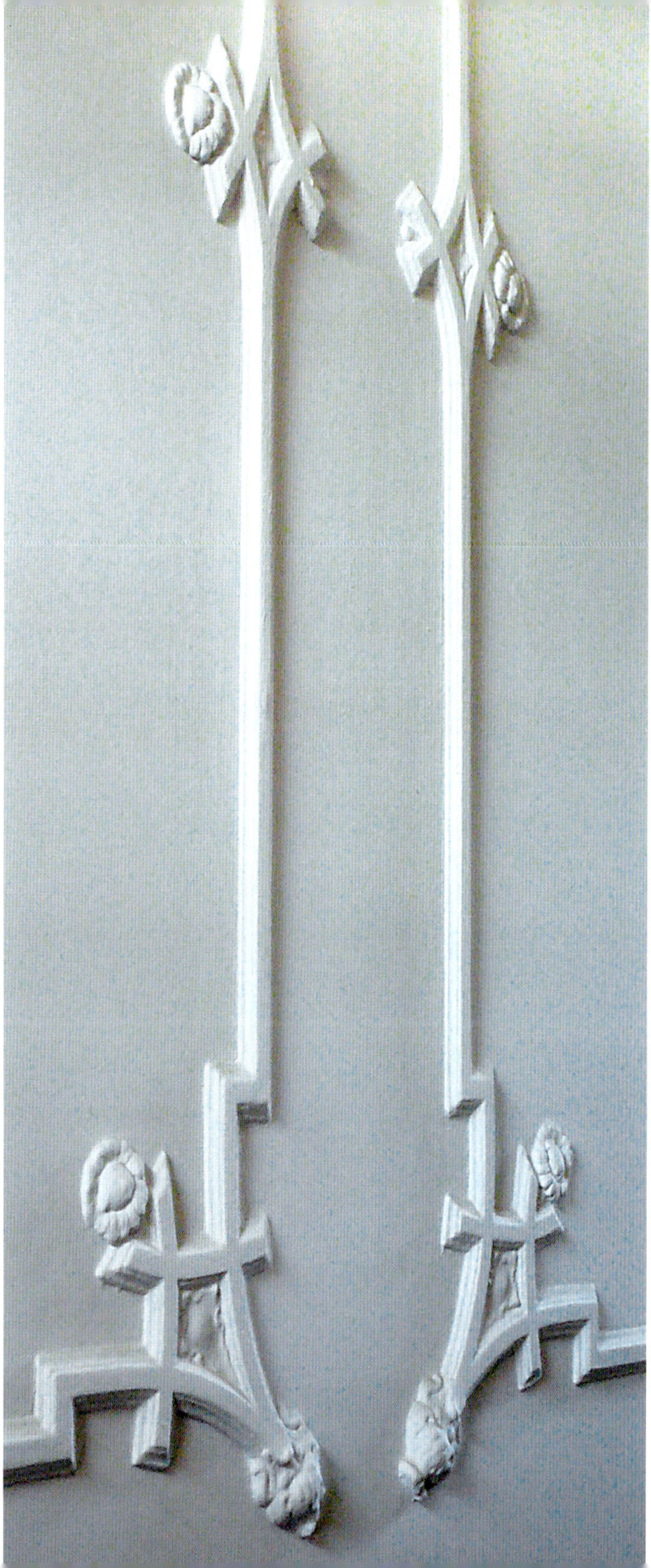

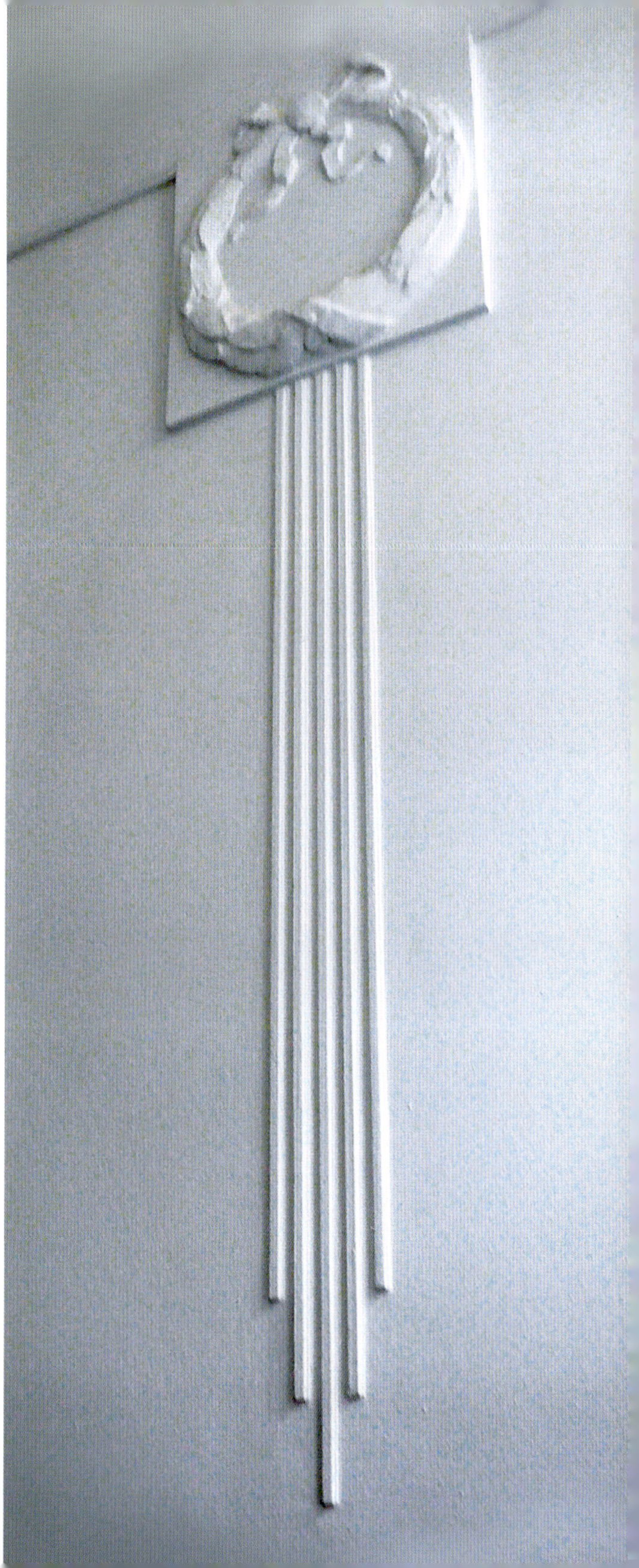

Tennisclub Düsseldorf-Oberkassel (Grün-Weiss 1920) e.V.
Kaiser-Friedrich-Ring

Düsseldorf ist die richtige Szene für Kunst

Burkhard Eikelmann: »Die Leute sind scharf auf meine jungen Amis«

Er ist der Prototyp eines smarten Selfmademans. Dazu passen sein Aussehen, seine Cleverness und sein jugendlicher Auftritt samt Sportwagen und stets passendem modischen Outfit. Er kennt keine Berührungsängste, und so sieht man ihn auch oft beim Small talk mit potentiellen Kunden im magischen Dreieck zwischen »Muggel«, »Saittavini« und »Hot la Cucina«. Die Rede ist von Burkhard Eikelmann (* 1962), selbständiger Galerist seit 1990 und seit Mai 2009 nun auch mit einem endgültigen Domizil im Epizentrum von Oberkassel angekommen: mit seiner Galerie für klassische und zeitgenössische Kunst, Dominikanerstraße 11.

Der Weg dahin war nicht gerade leicht. »Burkhard«, wie ihn hier fast jeder nennt, besuchte die höhere Handelsschule, absolvierte eine Ausbildung zum Kaufmann und war Inhaber einer eigenen Vertriebsfirma aus dem Einrichtungsbereich, bevor er die höheren Weihen der Kunst erfuhr. Schon immer interessierten ihn Design und Pop-art. Er fing an, eigene Einrichtungssysteme zu entwerfen, Räume auszustatten, Kunst zu sammeln und sich mit Malern, Intellektuellen und Kunsthändlern zu treffen. Ein guter Nährboden dafür war in den frühen 1980er Jahren das Café »Click« am Isenbergplatz im Essener Südviertel. »Das war damals der Szenetreff«, erzählt Burkhard Eikelmann. »Hier trafen sich Theaterleute, Künstler, Fotografen, Maler und alle schrägen Typen, die man sich nur denken kann. Gegenüber ging man dann zum Essen ins elegante Restaurant ›Emile‹. Und da knüpfte ich die ersten Kontakte in Sachen Kunst.«

Um es kurz zu machen: Im »Emile« traf Burkhard den Eigentümer des Hauses, in dem sich auch ein alter Fernsehladen befand. Den übernahm er kurzerhand, renovierte ihn und eröffnete dort seine erste Galerie als »gemischte Ausstellung von Pop-art, eigenem Bilderbestand und zeitgenössischer Kunst«. Das war 1990 in der Emilienstraße in Essen-Süd. Und diese Galerie gibt es heute immer noch, allerdings unter einem anderen Besitzer.

Eikelmann: »Zwei Jahre lang hatte ich diese Galerie. Im Jahr machten wir an die zwölf Ausstellungen. Die Galerie wurde sehr gut angenommen und ich fuhr gegen Abend mit immer mehr Enthusiasmus von Rüttenscheid, meinem noch bestehenden Vertriebsbüro, in die Emilienstraße. Kunst kann süchtig machen. Meine Laune wurde immer besser.«

Der Erfolg blieb nicht aus. 1992 wurde die Vertriebsorganisation verkauft. Zusammen mit einem Partner gründete Burkhard Eikelmann 1993 zusätzlich am Rüttenscheider Stern die zweite Galerie – den »Art Store«. »Diese Form einer Galerie war sehr kommer-

Burkhard Eikelmann

ziell ausgerichtet. Auch diesen Laden gibt es heute noch. Aber auch der steht längst unter anderer Führung.«

1997 zog Eikelmann nach Essen-Süd in die Witteringstraße und eröffnete dort seine dritte, größere Galerie. Von nun an wurde alles professioneller. »Seit 1994 war ich ständig unterwegs. Praktisch pendelte ich zwischen Berlin, Düsseldorf und Essen. Ich lernte über Berlin neue Malerkünstler kennen, wie zum Beispiel die Schüler von Markus Lüpertz oder Hermann Albert, und organisierte erste Gruppenausstellungen, wie in der Galerie von Peter Karbstein am Düsseldorfer Rathausufer. Dort hatte ich dann zwei Räume als Untermieter und betreute von hier bis 2000 meine beiden Standorte in Essen und Düsseldorf.«

Der große Sprung nach Düsseldorf ließ nicht lange auf sich warten. »Denn Düsseldorf ist die richtige Szene für Kunst.« Seit 1996 wohnt Burkhard Eikelmann in Düsseldorf-Oberkassel, zunächst in der Sonderburgstraße, heute in der Wildenbruchstraße. Nach einem weiteren neuen Standort in Düsseldorf in der Ratinger Straße gab er 2003 die Galerie in Essen auf. Er bezog die über 200 Quadratmeter großen Ausstellungsräume in der Ackerstraße in der Nähe des Düsseldorfer Hauptbahnhofs, die er vollständig sanierte und auf den modernsten Stand brachte. Hier hatte er viele bekannte Künstler unter Vertrag und war eine angesehene Größe unter den insgesamt 40 Düsseldorfer Galeristen, die unter dem Namen »parallel« eine Interessengemeinschaft gründeten. Eine Vernissage folgte der nächsten, aber die vielen Besuche auf internationalen Kunstmessen und die ständige Suche nach guten Mitarbeitern hatten auch etwas Zermürbendes. »Und in den Jahren 2008/2009 kam dann auch die beginnende Wirtschaftskrise in der Kunst an.«

Im Mai 2009 ergab sich mit freigewordenen Räumen in der Dominikanerstraße 11 endlich die große Gelegenheit in Oberkassel. Eikelmann, der hier ja schon wohnte, ergriff sie sofort und fand dort wieder eine ähnliche Situation wie damals am Isenbergplatz in Essen vor: das richtige Umfeld, die richtige Klientel, die angesagte Kneipenszene. Heute gibt es in Oberkassel neben Burkard Eikelmann noch zwei andere namhafte Galeristen: an erster Stelle Hans Strelow am Luegplatz 3 und die Galerie Kiki Maier-Hahn an der Luegallee 130.

»Es ist ›the best neighbourhood‹, das stimmt«, begeistert sich Burkhard Eikelmann für Oberkassel. »Ich habe wieder viel investiert – aber hier will ich auch nicht mehr weg! In Oberkassel hat man eine noch viel engere Beziehung zu seinen Kunden. Die kommen auch noch abends, nach 20 Uhr, in meine Galerie und man trinkt ein Glas Wein zusammen oder diskutiert weiter im ›Muggel‹. Das Umfeld ist genau richtig. Hier ist alles auf den Punkt gebracht.«

Welche Künstler hat Eikelmann unter Vertrag?

Der große Start in Oberkassel gelang bestens mit Neo Rauch, schon ein Klassiker unter den Zeitgenössischen. Zu den von ihm vertretenen Künstlern gehören aber vor allem: Nathan Ritterpusch, Greg Haberny, Norbert Thiel, Andreas Silbermann, Katrin Bremermann, Eckhart Hahn, David Dalla Venezia, Heiner Meyer und Steven Gagnon sowie Eikelmanns unmittelbarer Nachbar, der Berliner Helmut Rottke, dem in diesem Buch ein eigenes Porträt gewidmet ist. Auf der anderen Seite sind es die Pop-art-Künstler und echten Klassiker, die in Oberkassel mit Originalen und Grafiken vertreten sind. Dazu gehören: Alex Katz, Andy Warhol, Roy Lichtenstein, Keith Haring, Tom Wesselmann, Gerhard Richter sowie aus der bekannten Düsseldorfer Zero-Gruppe: Otto Piene, Günther Uecker und Heinz Mack.

Burkhard Eickelmann: »Ich zeige hier vor allem zeitgenössische und aktuelle Kunst mit dem Schwerpunkt auf Malerei, aber auch klassische Kunst nach 1945, in der Hauptsache amerikanische Pop-art. Wir bedienen in Oberkassel vorwiegend Kunden zwischen 30 und 70 Jahren, die auch mal vier- bis fünfstellige Beträge für ein Bild ausgeben. Die Leute sind informiert, sie suchen ein Investment, die sammeln

Vernissage

Künstlernamen. Die Leute sind scharf auf meine jungen Amis, wie Ritterpusch und Haberny. Bei jeder Vernissage, die hier in Oberkassel außerordentlich gut besucht sind, wünschen sie den direkten Kontakt zu den Künstlern, ja sie bauen Beziehungen auf und besuchen sie – wie zum Beispiel David Dalla Venezia in Venedig – auch persönlich in deren Atelier.«

Und wie kommt man da finanziell über die Runden?

»Nur zeitgenössische Künstler zu zeigen ist schwierig, wenn nicht einige etablierte mit dabei sind. Ich profitiere mehr von einem guten Mix aus Alt und Neu, aus Classic und Contemporary, sonst könnte ich die hohen Transportkosten aus Amerika und aller Welt nicht bezahlen ... Der Laie ahnt ja gar nicht, welch hohe Nebenkosten ein Galerist vorzustrecken hat. Bei in der Regel 50 Prozent Provision bleiben mir knappe 10 Prozent, wenn ich alle Miet-, Personal-, Lager-, Büro-, Versicherungs-, Katalog- und Portokosten abziehe. Dazu kommen die aufwendig gestalteten Vernissagen – neuerdings mehr und mehr als Gesamt-Environment (der Raum ist dabei mit einbezogen) und nicht mehr nur als White Cube (Bilder an der weißen Wand). Und nicht zu vergessen, die hohe Gewerbe- und Einkommensssteuer ...«

Dennoch hat Burkhard Eikelmann in Oberkassel noch einiges vor. »Eine logische Schlußfolgerung wäre ja, wenn man in meiner Galerie die Gemälde und Graphiken auch noch um Skulpturen und Design ergänzen und erweitern würde. Daran bastle ich gerade. Ansonsten beherzige ich meinen Leitspruch: ›Ein guter Galerist lebt bescheiden und stirbt reich.‹ Vielleicht gibt mir da Oberkassel eine Chance.«

DER SALON
das Epizentrum des Ichs

JENCKS
Architecture

Thomas Manns »Tadzio« wohnte in Oberkassel

Dr. Jürgen von Schaumann Werder: »Klaus Heuser lebte zehn Jahre lang spartanisch in unserer Kemenate«

Das Doppelwappen der von Schaumann Werder ziert nicht nur den Schmuckgiebel ihres prächtigen Stadtpalais in der Oberkasseler Salierstraße, sondern auch ihr Briefpapier. Noblesse oblige. Dabei ist das adelige Doktorenehepaar Hanne und Jürgen von Schaumann Werder aus hannoversch-brandenburgischem Grafengeschlecht – beide Ärzte, sie Augenärztin, er Orthopäde – ansonsten eher gesellschaftlich offen, kulturell interessiert und sehr sozial engagiert, immer auf dem Teppich geblieben.

Die von Schaumann Werder führen seit sie in Oberkassel leben – und das sind immerhin mehr als 30 Jahre – ein großes Haus. Jörg Heimeshoff beschreibt es in seinem Buch »Denkmalgeschützte Häuser im linksrheinischen Düsseldorf« so: »Das Innere des Hauses aus dem Jahr 1900 (Architekt Richard Abels) zeigt noch weitgehend die bauzeitliche Ausstattung, unter anderem mit der sehr qualitätsvoll gestalteten ursprünglichen Treppe mit Oberlicht und Buntglasfenstern. (…) Der Giebelaufsatz zeigt Wappenschilde (neu ergänzt mit dem Wappen der von Schaumann Werder: Ein Allianzwappen mit Trommel und eines mit Lanzenspitzen und sieben Sternen). (…) Alle Fenster des Hauses sind mit Steinkreuzen bzw. mit steinernen Kämpfern versehen. Zwischen Gurtgesims und Fensterbankgesims des Obergeschosses ist an der Auslucht ein Relief mit Jagdszenen angebracht.«

So prächtig wie von außen ist das Haus auch immer noch von innen. Das Besitzer-Ehepaar hat es 1981 für sich und seine zwei Kinder gekauft. »Das war ein absoluter Zufall«, erzählt der frühere Arzt. »Ich hatte auf eine Anzeige hin mit einer Postkarte unser Interesse signalisiert und dann ein Vierteljahr nichts mehr gehört. Dann bekamen wir, völlig unerwartet, im Sommer 1981 den Zuschlag. Da haben wir sofort reagiert und aus der ehemaligen Druckerei das gemacht, was Sie heute sehen.«

Das drei Stockwerke umfassende Gebäude aus der Gründerzeit um die Jahrhundertwende mit seinem großzügigen Treppenhaus, dem lichtdurchfluteten Wintergarten und seinen repräsentativen Salons ist nahezu prädestiniert für Geselligkeit und intellektuelle Zirkel. Das haben die von Schaumann Werder auch genutzt, vor allem in den 80er und 90er Jahren. Viele bekannte Persönlichkeiten aus der Düsseldorfer Kulturszene, Schauspieler und Intendanten aus dem Schauspielhaus oder der Oper, Maler aus der nahen Kunstakademie oder Dirigenten und Musiker auf Gastspielreisen waren hier gerngesehene Gäste. Und eine besondere Persönlichkeit, nämlich Klaus Heuser,

Hanne und Jürgen von Schaumann Werder

das literarische Vorbild des Tadzio aus Thomas Manns berühmter Novelle »Der Tod in Venedig« (1971 verfilmt von Luchino Visconti mit Dirk Bogarde und Silvana Mangano als Gaststar, den Tadzio spielte der damals sechzehnjährige Schwede Björn Andrésen), hat hier sogar zehn Jahre lang gelebt. Aber darüber später mehr.

Den besonderen Zugang zu den vielen Künstlern und Kulturschaffenden erwarben sich die von Schaumann Werder vor allem als betreuende Ärzte Düsseldorfer Künstler auf deren Gastspielreisen ins Ausland, insbesondere in die damalige Sowjetunion, vor allem nach Leningrad, dem heutigen Sankt Petersburg. Schon Ende der 1970er Jahre unternahm das Ensemble des Düsseldorfer Schauspielhauses, unter Leitung seines damaligen Generalintendanten Günther Beelitz (danach unter Dr. Volker Canaris), erste vom Land und Bund geförderte Gastspielreisen nach Israel, Rußland, Sibirien und ins Baltikum. Es gab Theaterfestspiele in Vilnius/Litauen; es gab ersten zaghaften Kulturaustausch, mit angeregt vom weltberühmten Düsseldorfer Künstler Günther Uecker und unterstützt vom damaligen deutschen Außenminister Hans-Dietrich Genscher. Die von Schaumann Werder waren immer mit dabei. So lernte man zum Beispiel den litauischen Künstler Saulius Valius kennen oder bekam privaten Kontakt mit dem Dirigenten Waleri Gergijew vom Sankt Petersburger Mariinski-Theater, der heute auch das London Symphony Orchestra dirigiert, oder mit Juri Temirkanow, dem Leiter der Sankt Petersburger Philharmoniker.

»Mehr als fünfzehnmal war ich sicher in Rußland oder mit Sondervisum in der damaligen Sowjetunion«, berichtet Dr. Hanne von Schaumann Werder. »Das hat aber auch damit zu tun, daß wir sehr schnell erkannten, daß das Land dringend medizinische Hilfe braucht. So gründeten wir die private Initiative einer Hilfsaktion für Sankt Petersburger Straßenkinder und Jugendliche. Bis heute finanzieren wir, auch zusammen mit dem Johanniter-Orden, humanitäre Hilfe für junge Russen, die sich medizinische Versorgung und Medikamente selbst nicht leisten können. Wir stifteten zum Beispiel Betten für eine Kinderklinik, wir sammelten für modernes medizinisches Gerät. Das ist mehr als der berühmte Tropfen auf dem heißen Stein, wenn dabei nur einem Kind wirklich geholfen wird.« Dafür bekam Dr. Hanne von Schaumann Werder vor ein paar Jahren das Bundesverdienstkreuz.

Eine nette Geschichte weiß auch ihr Ehemann zu erzählen: »Als wir 1999 mal wieder für eine Hilfsaktion in Sankt Petersburg weilten, kam uns an der großen Admiralität ein Staatskonvoi mit dem damaligen russischen Präsidenten Wladimir Putin entgegen. Mit im Konvoi unser früherer Bundeskanzler Gerhard Schröder und Außenminister Joschka Fischer. In Begleitung von uns befand sich auch Tatiana Fürstin von Metternich-Winneburg, eine geborene Sankt Petersburger Prinzessin Wassiltschikowa. Wir machten uns bemerkbar, weil die Fürstin Putin persönlich kannte und ein Anliegen zu unserer Mission anbringen wollte. Die Limousine mit Putin stoppte. Der Präsident stieg aus, und die Fürstin konnte ein paar Worte an ihn richten, was sich im Nachhinein als sehr hilfreich erweisen sollte. Auch Schröder stieg aus. Fischer blieb sitzen.«

Zurück zum Titel dieser Geschichte. Wie kam Klaus Heuser alias Thomas Manns »Tadzio« aus dessen »Tod in Venedig« nach Düsseldorf-Oberkassel?

Dazu Dr. Jürgen von Schaumann Werder: »Das kam durch eine Empfehlung seiner Schwester zustande, einer verheirateten Frau Benser. Die Familie gehörte zu den Mitgliedern der bekannten Düsseldorfer Malerschule. 1982 meldete sich bei uns ein schlanker, sehr gepflegter und bemerkenswert gutaussehender älterer Herr um die 70, der unsere spartanisch eingerichtete Kemenate, allerdings mit schönem Balkonblick auf den Rhein, unbedingt anmieten wollte. Wir waren von besagtem alleinstehenden Herrn sehr an-

Wappen und Haus der von Schaumann Werder

getan. Er war immer perfekt gekleidet, trug gern einen langen Trenchcoat mit Brusttasche, und war in seiner Art stets sehr dezent und höflich. So pflegte er auch einen netten Umgang zu unseren beiden Kindern. Mit seinem dunklen Teint und dem blond-schütteren Haar hinterließ er bei uns den Eindruck eines gebildeten Mannes, der auf sein Äußeres achtete, aber doch sehr zurückgezogen lebte; mal abgesehen von den gelegentlichen Besuchen seiner Nichte. Er arbeitete, so viel wir wußten, bei einer Hamburger Im- und Exportfirma – hat aber kaum etwas von sich persönlich erzählt. Schon gar nicht von seiner Freundschaft zu Thomas Mann. Er wohnte dann hier zehn Jahre – jeweils ein halbes Jahr in Hongkong oder Macao und im Sommer bei uns – und starb Mitte der 1990er Jahre. Erst nach seinem Tod haben wir durch einen Artikel in der Rheinischen Post überhaupt etwas von dem großen Geheimnis unseres Mieters erfahren.«

Thomas Mann lernte den über 30 Jahre jüngeren Klaus Heuser – Sohn von Werner Heuser, dem damaligen Direktor der Düsseldorfer Kunstakademie – 1927 in Kampen auf Sylt kennen. Damals war Klaus Heuser gerade mal siebzehn Jahre alt und ein Freund der drei Kinder von Thomas Mann. Wie sie zusammen im Sommer am Sylter Nordseestrand im Sand gebalgt haben, hat schon literarisch das mondäne Strandleben am Lido von Venedig vorweggenommen. Der hübsche Junge muß ähnliche Züge wie der später in der Novelle vom »Tod in Venedig« verherrlichte polnische Adelsknabe Tadzio besessen haben. Jedenfalls gab er nicht nur dazu das berühmte Vorbild ab, er könnte auch eine Inspiration für die Tetralogie »Joseph und seine Brüder« gewesen sein, mit deren Arbeit Thomas Mann 1926 begann. Denn auch für die Konturen Josephs standen die jungen Menschen Pate, von denen sich der Schriftsteller verzaubert fühlte. Während des Sommerurlaubs auf Sylt, bei dem Thomas Mann »seinem Tadzio« Klaus Heuser das erste Mal begegnete, warf ihn diese unverhoffte Sehnsucht jedenfalls fast aus der Bahn – und nur Ehefrau Katja ahnte und tolerierte diese ergreifende, ungelebte Liebesgeschichte. Thomas Mann notierte in seinen Tagebüchern jedenfalls seine »… nach menschlichem Ermessen letzte Leidenschaft«.

So ist das mit der großen Kunst. Das Wesentliche findet für den Künstler zumeist nur im Schöpferisch-Geistigen, im Vorstellbaren, im Traum statt. Bekannt ist, daß Thomas Mann Klaus Heuser im September/Oktober 1927 vierzehn Tage in sein Haus nach München eingeladen hatte. »Ich nenne ihn Du und habe ihn beim Abschied, mit seiner ausdrücklichen Zustimmung, an mein Herz gedrückt«, schreibt er an seine beiden ältesten Kinder Erika und Klaus.

Wie der Siebzehnjährige die Begegnung mit dem berühmten Schriftsteller selbst empfand, darüber wissen wir nichts …

MODERNES WOHNEN
zwischen Tradition und Fortschritt

KING'S WAY HAIR CUT

Der »Hopper-Heiner«, ein Düsseldorfer Urgestein

Heiner Zimmermann: »Oberkassel war schon immer ein nobles Viertel«

Das »Hopper«, das alteingesessene Oberkasseler Kneipen-Restaurant in der Lanker Straße 8, müßte eigentlich »Bei Heiner« heißen. Denn dort kennt jeder Heiner oder »Zimbo« Zimmermann, der diese Edelkneipe seit einer Ewigkeit – genauer gesagt schon seit 1983 – führt. Aber es hieß von Anfang an »Hopper«, denn an der Wand im vorderen Raum hängt eine Kopie des berühmten Edward-Hopper-Bildes »Nighthawks« (Nachtschwärmer), die der Grafiker, Maler und Möbeldesigner Uwe von Afferden – wie übrigens auch die Tour-de-France-Radfahrerbilder im zweiten Raum – für Heiner Zimmermann angefertigt hat. Edward Hopper gehört noch immer zu den bekanntesten amerikanischen Künstlern außerhalb der USA. Heiner Zimmermanns Freund von Afferden ist nicht ganz so berühmt. Aber er kam darauf, das Restaurant in der Lanker Straße »Hopper« zu nennen. Denn es ist durch seine hohen Frontscheiben genau so einsichtig wie die nächtliche Glasbar auf dem Hopper-Bild. Das war in den frühen 1980er Jahren auch für Düsseldorf noch eine Sensation.

Heiner Zimmermann (* 1953) ist ein echter Düsseldorfer und Oberkasseler Jong, geboren um die Ecke, im Heerdter Krankenhaus. Wie die ganze Familie sollte er eigentlich Steinmetz werden. Der Großvater war es, ebenso Vater Wilhelm und später auch Bruder Willi und sogar dessen Sohn. So hat auch Zimmermann zunächst die Bildhauerei erlernt, merkte aber bald, daß er zu anderem berufen war. Ihn reizte schon immer der direkte Kontakt zu den Menschen, insbesondere wenn sie am Radsport interessiert sind, denn Heiner Zimmermann ist früher selbst Radrennen gefahren. Nach sieben Kellnerjahren im legendären »Sassafras« in der Düsseldorfer Straße – da kannte ihn schon ganz Oberkassel – lag die Idee nahe, eine eigene Kneipe aufzumachen. Die Chance bot sich 1983, als eine griechische Imbiß-Bude in der Lanker Straße ausbrannte. Das war die Geburtsstunde des »Hopper« und Heiner Zimmermann, der die Gastronomie zusammen mit seiner damaligen Frau Margit übernahm und ausbaute, hat diese Entscheidung nie bereut.

In Oberkassel ist das »Hopper« heute eine Institution. Das liegt vor allem am jährlich stattfindenden »Hopper-Sommerfest«, jeweils am ersten Wochenende im Juli, im geräumigen, grün bewachsenen, lauschigen Hinterhof. Das ist in der Tat etwas Einmaliges für Oberkassel, das ja bis heute gesegnet ist mit allerlei Schützen- und Vereinsfesten, vom »Tanz in den Mai« (früher »Eddis Geburtstag«) im auch sehr schönen Hinterhof beim »Sassafras«, im »Schiff Ahoi« oder im »Alten Bahnhof« bis hin zum großen »Saitta-Fest«

Heiner Zimmermann

am Barbarossaplatz im Juni, dem »Luegallee-Fest« der Einzelhandelsvereinigung »Wir in Oberkassel« im September, dem »Veedel Cup« am Rhein oder den sommerlichen Terrassen-Partys vor dem »Pauls«.

Zum »Hopper-Fest« am ersten Samstag im Juli kommen bei schönem Wetter bis zu 1.200 Gäste. An besondere Freunde verteilt Zimmermann dann seinen begehrten »Hopper-Sticker«, der in einer Auflage von 1.000 Stück schon in den ersten Stunden vergriffen ist. In den vergangenen Jahren spielte jeweils die Band »Könich Kallen Syndrom« fetzigen Rock und sanften Blues aus den 1960er und 1970er Jahren. »Aber nur zwischen 15 und 20 Uhr, denn meine alten Sassafraser Freunde sind ja mit mir alt geworden, und ich will keinen Ärger im Hinterhof«, betont Heiner. »Alle, die da kommen, sind gutsituiert und verstehen sich prächtig. Oberkassel war schon immer ein nobles Viertel«, weiß Zimmermann aus Erfahrung. »Da mußte ich mich auf meinen Festen – im Karneval gibt's bei uns ja auch noch die Altweiber-Party – auch von der Karte her umstellen. Gehören im normalen ›Hopper‹ seit fast 30 Jahren das überbackene gemischte Gemüse, die Elsässer Schnecken oder der Käse/Schinken/Thunfisch-Salat mit zu den beliebtesten Speisen, so servieren wir zum »Hopper-Fest« schon mal verschiedene Pastas, Gambas oder Austern.«

Aber das Publikum bleibt hier doch eher »normal« und bodenständig, was immer das auch sein mag, im Vergleich zu anderen angesagten Oberkasseler Lokalitäten. Die Leute sind hier weniger aufgestylt, sie wollen mehr rheinisch-vergnügt unter sich bleiben und nicht bestaunt werden wie im Zoo. Das ist wohl der große Unterschied zu den feinen Italienern in Oberkassel.

So treffen sich beim »Hopper-Heiner« neben Ärzten, Rechtsanwälten, Modeleuten und Angestellten in guter Position vor allem auch Handwerker und Sportler, nicht zuletzt die »Hopper Cycler«, hervorgegangen aus dem alteingesessenen Düsseldorfer Radsportverein »Düsseldorpia e.V.«, immer wieder gerne vor und nach ihren Radtouren durchs Bergische Land oder nach Holland.

Heiner Zimmermann, der gleich hinter dem »Hopper« am Hofende in einer gemütlichen Atelierwohnung wohnt, inmitten einer Sammlung alter, inzwischen kostbar gewordener Emailleschilder, gehört wirklich zum Oberkasseler Urgestein. Wenn er ins Erzählen von früher kommt, erfährt man erst, was sich inzwischen alles in Oberkassel verändert hat. »Wir konnten als Kinder nirgendwo besser spielen als in Oberkassel«, weiß er zu berichten, »denn damals gab es hier noch viel mehr Gärten als heute – mit den schönsten Apfel-, Pflaumen- und Birnbäumen. Wir gingen immer zum ›Hermanns Loch‹, einem Baggersee, da wo heute die Japanische Schule steht oder in die Alte Oberkasseler Badeanstalt in der Arnulfstraße – denn viele damalige Häuser hatten ja noch keine eigenen Bäder, selbst Toiletten gab es oft nur eine pro Etage. Ein wahres Paradies war für uns Buben der Alte Güterbahnhof. Da konnte man gut auf den Zug nach Neuss hinten aufspringen.«

Die Kneipenszene in Oberkassel hat sich nach Meinung Heiner Zimmermanns in den Jahren sehr positiv verändert. »Früher war das hier alles noch eher hausbacken. Erst als das ›Sassafras‹ vor mehr als 40 Jahren aufmachte, wehte ein frischer Wind. Dann kamen die sogenannten Sachsenzwillinge Gerd und Horst Scharschuch als Stukkateure nach Oberkassel und haben Mitte der 1970er Jahre die schöne Stuckdecke im ›Prinzinger‹ an der Luegallee wieder freigelegt. Auch das war eine Sensation für die damalige Zeit. Dann ging es los mit den ersten italienischen Restaurants und die Eßgewohnheiten der schon immer recht verwöhnten Oberkasseler wurden nochmals grundlegend saniert. Ab da wurde alles wirklich edel. Die Zeiten der einfachen »China-Perle« an der Belsenstraße waren vorbei. Ein echter Thai-Laden mußte es dann schon sein. Nach den Italienern folgten Spanier,

»Hopper-Fest«

Griechen, die Indische, die Französische und die Schwarzwälder Küche und ein Café nach dem anderen. Nun haben wir hier beinahe mehr Cafés als Restaurants. Aber etwas tut mir doch leid. Den alten ›Oberkasseler Hof‹ gibt es nicht mehr. Den vermisse ich sehr. Das war eine schöne Verbindung zwischen volkstümlicher Gaststätte und Brauereiausschank, wie sie heute eigentlich nur noch im ›Alten Bahnhof‹ und seinem schönen Biergarten zu finden ist.«

Was kommt, die Neuzeit für Oberkassel, kann man noch gar nicht richtig einschätzen. Erst wenn der Belsenpark, das neue Wohnviertel hinter dem Alten Bahnhof, Wirklichkeit geworden ist, wird sich zeigen, inwieweit das alte Oberkassel das Neue verkraftet. Dazu Heiner Zimmermann: »Auf das Wie kommt es an. Wie sich alles Neue ins Alte einfügt. Bei dem völlig unnötigen Streit über die alten Gaslaternen in Oberkassel vor geraumer Zeit bin ich schon mal skeptisch geworden. Wie kann man ein Stück Zeitgeschichte so wissentlich vom Tisch wischen wie in dieser Stadt geschehen? Warum ist man nicht stolz auf Einmaliges und Erhaltenswertes? Wir brauchen hier keine Halogenstrahler wie in der Innenstadt. Wir wollen es, analog zu den alten Häusern, warm leuchtend und gemütlich, einfach typisch Oberkassel. Und wir brauchen hinter dem Alten Bahnhof auch keine sechsstöckige Satellitenstadt mit Bürohäusern und Einkaufsmeile. Unsere Luegallee mit ihrem Einzelhandelsangebot reicht. Die Planung spricht von einem Park, vom Belsenpark. Also denke ich dabei an einen grünen Wohnpark mit lockerer, quadratischer Bebauung, wie sie in Oberkassel immer üblich war. Ich denke an Bänke und Bäume, an Straßen, wo man auch seinen Hund wieder Gassi führen kann. Was wir wirklich benötigen, das sind unterirdische Parkplätze. Was ich mir wünschen würde, wären Wohnungen, die zu Oberkassel passen, Wohnungen im Grünen mit noch bezahlbaren Mieten. Oberkassel hatte durch seine Gärten immer den Luxus der Ruhe. Ich hoffe sehr auf eine neue Wohnlandschaft, in der uns diese Ruhe erhalten bleibt.«

WIN TER GÄR TEN
Oasen der Phan tasie

Wenn Reisen und Fotografieren zur Sucht werden

Roland Schulte-Trux: »Ich bediene das Fernweh der Menschen über 60«

Es hat sich inzwischen herumgesprochen: Wer im Alter noch fit genug für eine spannende Erlebnisreise ist, der ist bei Roland Schulte-Trux und seinem im Herbst 2004 in der Diakonie Düsseldorf, Netzwerk Oberkassel, gegründeten, ehrenamtlichen »Reise-Treff« (heute Zentrum plus) gut aufgehoben. Unter dem Motto »Gemeinsam statt einsam« organisiert Schulte-Trux – zumeist in enger Zusammenarbeit mit Ventus-Reisen Berlin – mehrmals jährlich zum Teil recht exotische, individuelle Gruppen-Fernreisen für »Oldies«, die so etwas im Alleingang nicht mehr wagen würden. Wen wundert's, der Oberkasseler »Reise-Roland« hat seine in der Regel betuchte Reise-Fangemeinde gut im Griff. »Das sind zu 75% alleinstehende ältere Damen, oft verwitwet, die jahrzehntelang schönes Reisen zusammen mit ihrem Ehemann gewohnt waren und heute froh sind, wenn sie sich in einer netten Reisegruppe Gleichgesinnter gut aufgehoben fühlen.«

Roland Schulte-Trux (* 1945, gebürtig aus Wehnde in Thüringen) hat den Reisebazillus im Blut. Schon sein Vater war ein Weltenbummler und zwischen den beiden Kriegen als sehr erfolgreicher Exportkaufmann und Auslandsdeutscher in Indonesien tätig. Der Vater legte sein Geld klugerweise in Immobilien in Düsseldorf an. Unter anderem in der Quirinstraße in Oberkassel, wo die Familie Schulte-Trux seit 1987 ständig wohnt.

Vorher ging es beruflich allerdings um die halbe Welt. Als Export- und Baustellenkaufmann hat Roland Schulte-Trux zehn Jahre lang in arabischen Ländern gelebt. Davor als Bankkaufmann in Boston, USA. Hier lernte er auch seine spätere Frau Teresa kennen, eine echte Mexikanerin. Die erste Tochter Anina kam 1977 in Düsseldorf zur Welt, sie lebt heute in Mexiko-Stadt. Die zweite, Marité, wurde 1980 in Kairo geboren. Heute ist Roland Schulte-Trux vor allem Rentner mit den großen Hobby-Leidenschaften Reisen zu organisieren und auf Fotopirsch zu gehen. Daneben erledigt er noch so nebenbei seine Hausverwaltungen und Immobiliengeschäfte.

Roland Schulte-Trux: »Schon von Ägypten aus bereiste ich mit meiner Familie viele afrikanische und asiatische Länder. Zwei Wochen am Stück irgendwo am Strand zu liegen, das ist meine Welt nicht. Ich brauche die innere Unruhe. Und ich will immer etwas Neues sehen und erleben. Meine allererste Reise machte ich schon als Jugendlicher mit 18 mit dem Hellas-Express nach Griechenland. Ich glaube, ich werde reisen und fotografieren, bis ich umfalle, notfalls auch noch im Rollstuhl.«

Apropos Fotos: Davon gibt es inzwischen etwa 15.000 bis 20.000. Seine Frau schlägt die Hände über

Roland Schulte-Trux

dem Kopf zusammen, wenn man nur auf Roland und seinen Fototick zu sprechen kommt. »Eine Sucht ist das! Ich komme schon gar nicht mehr gerne mit auf seine Reisen, denn er ist ja nur in seine Bilder verliebt! Ich bin dann Nebensache!«

Was macht man mit so vielen Fotos?

Roland Schulte-Trux: »Ich bilde Themen. Zum Beispiel: Gesichter, Mutter & Kind, Landschaften oder Flora & Fauna. Wer hier Beispiele aus Afrika, Asien oder den USA sucht, ich kann in meinem privaten Archiv alles abrufen.«

Etwa 20 aufregende Reisen hat Roland Schulte-Trux bisher ehrenamtlich und individuell für sein »Netzwerk Oberkassel« organisiert und zusammengestellt. Dabei ging es unter anderem nach Dubai und Oman, Namibia und Botswana, ins Baltikum mit Sankt Petersburg, nach Westkanada, Usbekistan, Laos mit Vietnam und Kambodscha, nach Indien mit Rajasthan, nach Madagaskar, in die Polnische Toskana, nach Bhutan und in den Himalaja, nach Syrien oder in die Mongolei. Geplant sind für die nächsten Jahre: der Kaukasus, Südamerika mit Argentinien, Chile, Peru oder Bolivien, Westchina oder einfach mal eine Reise nach Korsika.

Was will man noch sehen, wenn man schon fast alles gesehen hat?

»Für mich gibt es immer noch viele weiße Flecken auf der Landkarte. So interessieren mich vor allem die großen amerikanischen Parks wie zum Beispiel das Monument Valley, der Grand Canyon oder der Yellowstone Nationalpark. Da würde ich gerne noch mal hin. Das gilt auch für den asiatischen Teil der Seidenstraße mit Kirgistan oder für das südliche China mit Tibet. Was mir weniger liegt, wäre das Amazonasgebiet oder Neuguinea. Da ist das Klima einfach zu grausam. Andererseits muß ich aber auch sagen: Je älter ich werde, umso interessanter finde ich auch einheimische Ziele, wie die wunderschöne Oberlausitz mit Bautzen als Stützpunkt und Stippvisiten nach Zittau, Görlitz, Dresden oder Meißen.«

Lassen wir uns überraschen, was dem Oberkasseler Reise-Roland in Zukunft noch so alles einfällt. Fest steht, seine Reisegruppen heben sich von anderen deshalb so angenehm ab, weil vieles vorher gemeinsam besprochen wird, man also einen gewissen Einfluß auf den Reiseverlauf hat, die Gruppen mit 10 bis maximal 15 Personen bewußt klein gehalten werden, viele der Reisenden sich mittlerweile untereinander bestens vertraut sind, und auch der Preis (durch Wegfall der üblichen Reisebüro-Margen) in der Regel um 10 bis 20% niedriger liegt als üblich. »Es besteht ein gewisser Damen-Überschuß«, ergänzt Roland Schulte-Trux. »Die fühlen sich hier besonders wohl. So hatten wir in Dubai, unserer bisher größten Reisegruppe, bei 19 Teilnehmern, 16 Damen und nur drei Herren. Aber die Männer haben es überlebt!«

Ist der Reise-Roland wieder zurück in Oberkassel, gefällt es ihm hier aber auch sehr gut. Es ist vor allem der Charme einer über die Zeiten geretteten Großbürgerlichkeit in den alten Jugendstilhäusern, der das besondere Stimmungsbild von Oberkassel ausmacht. Es ist ja eigentlich so: »Die schönere Düsseldorfer Altstadt liegt nicht rechtsrheinisch, sondern hier in Oberkassel auf der linken, von den Kriegsschäden weitgehend verschonten Seite. Nur die wenigsten Touristen und Tagesgäste wissen das. Gott sei Dank, kann man nur sagen! Denn sonst wäre hier ja alles überlaufen. Auch die wirklich gemütlichen und feinen Restaurants sind nicht im Trubel der sogenannten Düsseldorfer Altstadt zu Hause, sondern in der gepflegten, etwas abgeschirmten Insellage von Oberkassel. Allein die Gartenbebauung ist sehenswert und heute ein Segen für diesen Stadtteil. Ich liebe Oberkassel und die Düsseldorfer Jonges, den mit rund 3.000 Mitgliedern größten Heimatverein Europas, deren Mitglied ich seit 2006 bin.«

Und wo liegt der schönste Biergarten der Stadt?

»Natürlich am Alten Bahnhof am Belsenplatz in Düsseldorf-Oberkassel. Was ich allerdings nicht verstehe:

Büro Schulte-Trux

Wie konnte es 25 Jahre lang dauern, bis man die Bebauung des Belsenparks am Alten Güterbahnhof endlich in Angriff genommen hat? Dieses Filetgrundstück döst seit Jahrzehnten vor sich hin, in einem süßen Märchenschlaf. Das ist mir völlig unverständlich! Hoffentlich nutzt man jetzt endlich die Chance und macht was draus, zum Ruhme von Oberkassel und zum Nutzen der Neu-Oberkasseler, die da alle kommen werden.«

GÄRTEN
geheime Orte
der Ruhe

LEBEN wie Gott in Oberkassel

Alter Bahnhof, Belsenplatz

Sassafras
Düsseldorfer Straße

Muggel
Dominikanerstraße

Saittavini
Luegallee

Deutsche Bank
„Ich will meinen Kindern mal ein Haus hinterlassen. Und keine Finanzierung.“
Gute Beratung denkt weiter.
Mit einer Baufinanzierung, die genau zu Ihrem Leben passt. Heute. Und bis zum Ende der Laufzeit. Sprechen Sie mit uns:
Filiale Düsseldorf-Oberkassel
Luegallee 100
40545 Düsseldorf
Telefon (0211) 57709-0
Leistung aus Leidenschaft
Deutsche Bank Baufinanzierung
Persönliche Finanzierungskonzepte
Zinssicherheit bis zu 30 Jahre
Attraktive Sollzinsen

Peter Alex Pohl
Düsseldorf-Oberkassel & Niederkassel
Neue Ansichten von Häusern & Menschen
€ 19,90 · 120 Seiten · geb. · ISBN 978-3-89978-086-4

Pohls Buch zeigt alles, was Oberkassel so einzigartig macht: stuckverzierte Gründerzeithäuser, malerische Gärten und individuelle Wohnungen. Und er bietet lesenswerte Interviews mit Bewohnern, die über das Leben in ihrem Stadtteil erzählen. *Express*

Die Oberkasseler leben schön. Pohl liefert ein Bilderbuch prächtiger Ansichten, mit Fassaden und Dekoren der vielen denkmalgeschützten Jugendstilhäuser, der Höfe und Innenräume. *Westdeutsche Zeitung*

Foto: H.-P. Marmann

Peter Alex Pohl, geboren 1944, erlernte das journalistische Handwerk von der Pike auf. Nach Volontariat und ersten Lehrjahren als Lokalredakteur in seiner Heimatstadt beim *Bamberger Volksblatt* wechselte er ins Modefach und wurde Chefredakteur der *freizeit-mode* im Bamberger Meisenbach Verlag. 1969 ging er zum *Deutschen Fachverlag* nach Frankfurt am Main. Hier war Peter Alex Pohl – abgesehen von einem Intermezzo als Ressortleiter Herrenmode bei den *Textil Mitteilungen* in Düsseldorf – über drei Jahrzehnte lang in verantwortlicher Position tätig. Unter anderem arbeitete er als Modefachredakteur bei der *TextilWirtschaft*, beim *Herrenjournal* und zuletzt, mehr als 20 Jahre lang, als Chefredakteur der Fachzeitschrift *men's fashion international*. Der Autor publizierte 1975 den Branchenroman *Plünnen, Puppen und Plaisir*, Reiseberichte und Feuilletons in diversen Magazinen und Tageszeitungen. Im Grupello Verlag erschienen von ihm bereits zwei Bildbände über Oberkassel. Peter Alex Pohl lebt seit 2004 in Düsseldorf-Oberkassel.